Lk 8
159
2

I.

GALERIE HISTORIQUE DE L'ALGÉRIE.

LES PRINCES
EN AFRIQUE.

2ᵉ Série. — Le duc d'Orléans.

> La conquête de l'Afrique est à mes yeux la plus grande entreprise qui se soit offerte depuis longtemps à la France, qui a le sentiment et le besoin des grandes choses; et, selon moi, tous ceux qui se consacrent à cette noble tâche ont bien mérité de la patrie.   Le duc d'Orléans.
>
> Visuque et auditu juxtà venerabilis, cum magnitudinem et gravitatem summæ fortunæ retineret, invidiam et adrogantiam effugerat.   Tac.

Prix : 2 francs.

PARIS.
AMYOT, LIBRAIRE-ÉDITEUR, 6, RUE DE LA PAIX.

1846.

LES PRINCES EN AFRIQUE.

1846

Il y aura toujours quelque chose de mystérieux et d'étrangement terrible dans ce coup imprévu qui est venu enlever M. le duc d'Orléans, à la France, à sa famille, à ses amis. Il semble que la mort se soit trompée, qu'il n'a pas pu mourir si jeune, ce Prince dont la gloire si douce et si pure se confondait avec l'affection invincible qu'il inspirait; il semble qu'il n'a pas pu mourir celui qu'attendait une si haute et une si illustre destinée. Malgré les années écoulées depuis cette affreuse catastrophe, malgré ces monuments qu'une pieuse douleur a consacrés à sa mémoire, il semble qu'il vit encore parmi nous... Triste et dernière illusion, née des grands regrets, née pour ainsi dire de la mort même, et qui doit à son tour s'effacer et disparaître!

Mais c'est surtout en Afrique que la mort du duc d'Orléans a été sincèrement pleurée;... c'est là surtout qu'avaient pu se révéler ces qualités du cœur qui le distinguaient si éminemment. C'est là que le Prince faisait place à l'homme. Plein d'une profonde sympathie pour le soldat, on le voyait accourir dans les hôpitaux à son lit de souffrance et lui prodiguer les consolations. Au bivouac, il partageait son pain et son eau; au combat, il bravait avec la même insouciance et la même ardeur les mêmes périls.

Il était digne de mourir à la tête de nos légions, et d'avoir pour linceul le drapeau de la France.

Veut-on connaître l'âme du duc d'Orléans ?

Au retour d'une de ses campagnes d'Afrique, il traverse la petite ville de Feurs : Il se souvient que c'est la patrie de Combes, et que l'on a dû y élever un modeste monument à la mémoire du brave. Il se fait conduire auprès de ce monument. Il ne le quitte pas sans vouloir que ce dernier asile de l'héroïque soldat soit entouré d'une grille... Ce trait est bien simple, sans doute ; mais malheur à qui n'en serait pas touché, et à qui n'y reconnaîtrait les inspirations d'un noble cœur [1] !

La population coloniale ne conserve pas du Prince un

---

[1] Pour bien juger les Princes, il faut pouvoir connaître les actes de leur vie intime, ces actes purement spontanés, que rien ne commandait, et que n'attendait pas la publicité. M. le duc d'Orléans eût surtout gagné à cette appréciation. Le trait ci-dessus en est la preuve. Nous aurions pu en citer beaucoup d'autres ; mais nous ne résistons pas au désir de faire connaître combien était sincère et profonde sa sollicitude pour l'armée, combien était ardente et réfléchie sa sympathie pour le soldat dont il avait pu admirer le dévouement et dont il avait partagé les souffrances et les périls. Voici ce que révélait à la Chambre des pairs, dans la discussion de la loi sur les crédits extraordinaires de l'Algérie (séance du 29 juin 1846), M. le baron de *Bourgoing :*

« Il y a dix ans, presque jour pour jour, vers la fin de juin 1836, le Prince qui siégeait au milieu de nous, et que la France pleure encore, monseigneur le duc d'Orléans, me fit parvenir à Munich l'ordre de me rendre à Vérone pour m'y trouver lors de son passage de Vienne à Turin. Tout en visitant les travaux de la nouvelle forteresse de Vérone, le Prince me fit l'honneur de m'interroger sur l'organisation et les coutumes des armées étrangères ; ce fut alors qu'à propos de l'usage qui existe dans toutes celles de l'Europe, à la seule exception de la nôtre, de donner des médailles d'argent ou de bronze à tous les soldats qui ont fait une campagne

souvenir moins profond que l'armée. C'est que dans toutes les circonstances, Il a montré une haute et vive intelligence de ses besoins, de ses intérêts, de ses droits. C'est qu'Il a compris que les destinées de l'Algérie étaient étroitement liées à celles de la colonisation. C'est qu'Il a compris que ce pays était un vaste champ ouvert au travail, et que le travail était aussi une source d'honneur et de gloire [1].

mémorable, Son Altesse Royale m'exprima le regret de ce que cet usage ne fût pas adopté en France, et de ce que de pareilles médailles ne fussent pas données à nos soldats de l'armée d'Afrique. J'ai recueilli cette pensée, je l'ai pieusement conservée dans mes souvenirs, et puisque, en ce moment, on s'occupe de notre armée d'Afrique, j'ai cru, lorsque j'insiste sur des avantages à lui accorder, pouvoir rappeler dans cette enceinte, et faire ainsi parvenir en Algérie, rappeler à toute notre armée que le Prince dont elle vénère la mémoire ne perdait jamais de vue les intérêts des soldats qu'il chérissait, et que même, alors qu'il en était séparé, son noble cœur se rapprochait d'eux par de semblables pensées d'affection. »

Ce témoignage méritait assurément d'être recueilli. Il se rattache, d'ailleurs, à une noble pensée dont la réalisation serait le plus digne hommage rendu à la mémoire du duc d'Orléans. Nous faisons des vœux pour que d'augustes sollicitudes la protègent, pour que le gouvernement l'adopte et la consacre. L'armée et le pays recevraient cette nouvelle institution comme un bienfait. Nous voudrions encore plus, nous voudrions qu'une distinction spéciale fût accordée à tous ceux qui auraient bien mérité de l'Algérie. Honorer les services civils, c'est montrer qu'on en connaît tout le prix; le danger des marques distinctives n'est, d'ailleurs, pour tous les gouvernements, que dans la mauvaise application que l'on en fait.

[1] Voy. dans le *Discours aux Colons*, pag. 44, cette pensée philosophique et hardie :

« Dans une société dont le travail est la loi fondamentale, chacun doit
« être classé selon la part pour laquelle il contribue au bien général. »

Le duc d'Orléans, on peut le dire, a contribué plus qu'aucun autre à populariser en France la question d'Alger ; il a contribué à rendre cette grande cause sainte et nationale ; s'il eût vécu, il l'eût servie encore de sa parole et de son bras. Il eût voulu s'associer aux persévérants efforts de l'illustre maréchal Bugeaud, sillonner avec lui les parties les plus éloignées, les plus inaccessibles du territoire Algérien, planter notre drapeau au milieu des sables du désert, et faire voir à Abd-el-Kader ce que vaut un fils de Sultan. Sans doute il eût voulu châtier les insolences du Maroc, et la bataille d'Isly qui brille dans nos annales contemporaines comme une oasis de gloire, l'aurait vu à cheval et l'épée au poing. Plus tard, il eût voulu présenter son fils comme autrefois l'un de ses frères [1] à nos valeureuses légions, le consacrer sous leurs fiers regards et peut-être sous ceux de son auguste mère, au baptême de feu, et lui faire graver de la pointe de sa jeune épée sur les flancs du vieil Atlas le grand nom de la France.

Pour moi qui, l'un des premiers, ai plaidé la cause de la colonie, qui, le premier, il y a dix ans, ai planté son drapeau sur le terrain de la publicité périodique, et qui agitais alors des questions qui paraissent encore neuves aujourd'hui ; c'est avec bonheur que, reprenant pour ne la plus quitter, la tâche que je me suis imposée, de célébrer les noms qui se rattachent à l'Algérie par de sincères et glorieux dévouements, par de nobles services rendus dans l'armée, dans l'administration, dans les lettres, je retrouve celui qu'environnent de si nobles et de si touchants souvenirs. Il me semble qu'en racontant les campagnes du jeune général, qu'en reproduisant aux yeux du pays les meilleurs titres du Prince à son estime, je rem-

---

[1] Le duc d'Aumale.

plis à la fois le vœu de la population coloniale et celui de l'armée.

Cette notice, en effet, comblera une lacune regrettable, mais qu'explique le trépas du duc d'Orléans. A ce coup aussi imprévu que terrible, des plumes habiles s'empressèrent de retracer la vie du prince. Mais dans toutes ces biographies improvisées, écrites sous l'impression d'une vive douleur et pour satisfaire, en quelque sorte, à l'émotion publique, les campagnes d'Afrique tiennent peu de place. Quelques pages remplies d'inexactitudes, de méprises, de contre-sens grossiers, rappellent seules ces grandes époques de la vie du duc d'Orléans. C'est que le temps avait manqué aux biographes ; c'est que le *Moniteur* est une source aride où l'on craint trop souvent de puiser. Et, depuis, qui aurait pu songer à reprendre cette œuvre imparfaite et à honorer une noble mémoire? Nous sommes dans un temps où l'on ne sacrifie guère au culte des morts !...

En acquittant cette dette de l'Algérie envers le Prince qui l'aimait, peut-être parce qu'il y avait reçu une première et noble blessure, nous avons offert le tableau de trois expéditions mémorables : L'*Expédition de Mascara*, celle des *Portes-de-Fer*, celle de *Médéah*. Nous n'avons point cherché à revêtir notre récit de ces vives couleurs dont s'animent souvent les pages de l'histoire militaire ; la vérité sévère nous convenait mieux. Le lecteur attentif y puisera un profond intérêt ; car ces trois expéditions, qui embrassent ensemble, sous deux maréchaux (*Clausel* et *Valée*), une assez longue période (1835-1840), sont singulièrement caractéristiques. L'expédition de Mascara ouvrait pour la première fois à nos armes victorieuses le centre de cette province d'Oran, qui renferme le berceau d'Abd-el-Kader, et qui est devenue depuis le théâtre de si graves événements. Celle des Portes-de-Fer abaissait sous les pas de nos légions les crêtes les plus formidables de l'Atlas que n'avaient point franchies les aigles romaines, et inscrivait sur ces roches éternelles l'éternel témoignage de notre grandeur et de notre puissance. Enfin, l'expédition de Médéah où le génie de l'islamisme lutta corps à corps et comme dans un duel suprême avec le génie de la civilisation, marquait pour la France un triomphe de plus, et enchaînait irrévocablement ses destinées à celles d'une terre où son glorieux drapeau avait été cimenté par le sang de tant de braves.

Telles sont ces trois expéditions : elles tiennent une grande place dans l'histoire de l'Algérie, et le duc d'Orléans tient une grande place dans chacune d'elles.

FRANQUE.

M. LE DUC D'ORLÉANS.

M. LE DUC D'ORLÉANS [1].

FERDINAND-PHILIPPE-LOUIS CHARLES-HENRI-D'ORLÉANS, DUC D'ORLÉANS,

NÉ A PALERME LE 30 SEPTEMBRE 1810,

mort le 13 juillet 1842.

Le cruel revers de la Macta (juin 1835), appelait une vengeance éclatante et terrible. Le duc

[1] Avant d'aller en Afrique, M. le duc d'Orléans s'était distingué comme militaire au siége d'Anvers. Il commandait l'avant-garde qui arriva devant cette ville, le 22 décembre 1832. Il demanda aussitôt et obtint l'honneur d'ouvrir la tranchée. Voici, du reste, quelques passages des bulletins de M. le maréchal Gérard, dont la loyauté ne saurait être suspecte de flatterie :

« 30 novembre 1832,
« Au quartier-général de Berchens, sous Anvers.

« Je ne puis rendre assez de justice à l'activité déployée dans
« cette première opération par tous nos soldats ; Mgr le duc d'Or-
« léans, comme commandant de tranchée, doit avoir sa part dans
« l'éloge qui revient à tous. Le prince n'a cessé d'être partout

d'Orléans, vivement ému de cette injure faite à nos armes, accourut en Afrique pour la venger. Abd-el-Kader étalait alors insolemment l'orgueil de sa

« pendant la durée des travaux, et a rempli avec ardeur les de-
« voirs que lui imposaient les fonctions temporaires dont il était
« revêtu et qu'il avait vivement désirées.

« Le Prince royal a sans cesse parcouru les travaux, visité les
« grands'gardes, assuré les réserves et le service des ambulances.
« Plusieurs fois il a été couvert de terre par les obus qui s'enfon-
« çaient dans le parquet à côté de lui. Cet exemple électrisait nos
« jeunes soldats.

« Maréchal GÉRARD. »

« 4 décembre (*Journal du Siège*).

« Mgr le duc d'Orléans étant commandant de tranchée, le 3 dé-
« cembre, l'a parcourue pendant la nuit dans toute son étendue
« avec le maréchal Gérard, le général Saint-Cyr-Nugues, le géné-
« ral Haxo, et l'a de nouveau visitée tout entière ce matin. »

« 6 décembre.

« Le feu de cette journée a été, de la part de la citadelle, beau-
« coup plus vif que celui des jours précédents. Les Hollandais
« ont profité de la nuit pour dégarnir de treize pièces une partie
« de la face de leurs ouvrages qui regarde la ville, et pour les
« placer dans le bastion de Tolède.

« Le tour de tranchée de M. le duc d'Orléans est revenu aujour-

fortune naissante. Il était nécessaire de lui donner une forte leçon, et l'expédition de Mascara fut résolue[1].

« d'hui. Le prince a sous ses ordres le 58ᵉ de ligne, bon et beau
« régiment. S. A. R. a toujours la même ardeur pour l'accom-
« plissement des devoirs qu'il s'est imposés.

« Maréchal GÉRARD. »

« Paris, 23 décembre.

« Je m'abstiens de vous recommander les soins à donner aux
« blessés. Je suis informé que l'intendant en chef de l'armée s'en
« occupe avec beaucoup de zèle. Je sais aussi que Mgr le duc
« d'Orléans lui-même leur consacre la plus touchante sollicitude.

« Maréchal duc de DALMATIE. »

On voit que M. le duc d'Orléans s'était bien préparé à la rude guerre d'Afrique, et que trois ans avant l'expédition de Mascara il avait déployé les qualités rares qui devaient le rendre doublement cher à l'armée.

[1] Abd-el-Kader, enflé par l'imprudent traité du général Desmichels (1834), et par les funestes concessions du duc d'Erlon, nous disputait alors les Douars et les Smelas que le général Trézel venait de lier heureusement à notre cause (16 juin 1835). Ce fut là le prétexte du renouvellement des hostilités. Le général Trézel ayant voulu défendre ceux des Douars et ceux des Smelas qui nous étaient restés fidèles, se trouva assailli sur le Tlélat, à quelques lieues d'Oran, par des forces très-supérieures que dirigeait l'émir. Le désordre se mit dans nos rangs, et nous éprouvâmes des pertes très-sensibles. Nous eûmes 300 hommes tués et 200 blessés.

I.

Expédition de Mascara.

Le 25 novembre 1835, les préparatifs de cette expédition étaient terminés. Le maréchal Clauzel avait fait occuper l'île de Raschgoun, en face de l'embouchure de la Tafna, afin de contenir les tribus de l'Ouest par la crainte d'une attaque sur le littoral pendant la marche de la colonne dans l'intérieur. Cette mesure habile eut tout le succès qu'il en avait attendu.

La colonne put se mettre en mouvement le 26. Le maréchal Clauzel, commandant en chef, avait auprès de lui le duc d'Orléans, et à sa disposition MM. le général Baudrand, le général Marbot, le lieutenant-colonel Gérard, ainsi que MM. les capitaines Montguyon, Bertin, d'Elchingen, Chabaud-Latour; le colonel de cavalerie de l'Étang, le capitaine du génie Leblanc, et le chirurgien-major Pasquier, aide-de-camp, officiers d'ordonnance, ou attachés à l'état-major particulier du prince. MM. le lieutenant-colonel Joseph Maison et le capitaine Duchatel, tous deux aides-de-camp du ministre de la guerre, étaient venus également se placer sous les ordres du gouverneur-général.

Le corps expéditionnaire, fort de 11,000 hommes environ, formait quatre brigades et une réserve, commandées et composées ainsi qu'il suit :

1re Brigade. — Général Oudinot.

Les Douars, les Smelas et les Turcs d'Ibrahim ;
Le 2e régiment de chasseurs d'Afrique ;
Les zouaves ;
Le 2e léger ;
Une compagnie de mineurs ;
Une compagnie de sapeurs ;
Deux obusiers de montagne.

2e Brigade. — Général Perregaux.

Les trois compagnies d'élite venues d'Alger ;
Le 17e léger ;
Deux obusiers de montagne.

3e Brigade. — Général d'Arlanges.

Le 1er bataillon d'infanterie légère d'Afrique ;
Le 11e de ligne ;
Deux obusiers de montagne.

4e Brigade. — Colonel Combes.

Le 47e de ligne,
Deux obusiers de montagne.

Réserve. — Lieutenant-colonel Beaufort, du 47ᵉ de ligne.

Un bataillon du 66ᵉ de ligne ;
Une compagnie de sapeurs ;
Quatre obusiers de montagne ;
Une batterie de campagne.

Les troupes arrivèrent le premier jour (26) au camp du Figuier. Le maréchal, accompagné du duc d'Orléans, fit une reconnaissance jusqu'au Sebkha (terre salée), mais l'ennemi ne se révélait encore que par des feux lointains allumés sur les cimes de l'Atlas.

Le lendemain, 27, l'ancien camp du Tlélat fut occupé ; le jour suivant, toutes les colonnes débouchèrent dans la plaine du Sig. Le soleil était radieux, les troupes conservaient un ordre admirable, comme en un jour de revue ; l'armée, précédée par les Turcs et les Arabes du bey Ibrahim, qui marchaient au bruit aigre et si original de leur musique militaire et dont les nombreux étendards barriolés étaient déployés, offrait le spectacle le plus curieux et le plus pittoresque.

Le même jour, les zouaves et les gens d'Ibrahim franchirent le Sig et s'établirent sur la rive droite, où un camp retranché reçut le lendemain le reste de la colonne. L'ennemi qui, jusque-là, ne s'était presque point montré, prit position au pied de l'Atlas, à la droite de notre camp. Abd-el-Kader dirigeait tous ses mouvements avec une grande habileté; mais pourtant, en présence de l'ennemi puissant qu'il avait si témérairement défié, il dut concevoir des doutes sur l'issue de la guerre qui s'engageait, car il envoya un de ses lieutenants (Bel-Aziz), au bivouac d'Ibrahim, pour porter indirectement des paroles de paix. « La mission très-difficile de cet officier consistait à faire entendre que l'émir désirait la paix, mais qu'il fallait qu'on la lui demandât. Comme il était impossible d'entreprendre la moindre négociation sur ce terrain, l'émissaire fut renvoyé dès qu'il se fut expliqué assez clairement pour qu'on pût le comprendre [1]. » L'ambitieux émir possédait déjà au plus haut degré cet esprit de duplicité qu'il jugeait nécessaire à l'affermissement de sa puissance, et qui devait le faire passer par le traité de la Tafna pour arriver à la guerre de 1840, à la destruction de tous ses établissements et à sa ruine.

Le 1er décembre, le maréchal voulut reconnaître

[1] *Annales algériennes*, tom. III.

l'ennemi qui demeurait dans l'inaction. Il marcha vers lui avec la cavalerie, les zouaves et toutes les compagnies d'élite. L'on se trouva bientôt en face des Arabes qui s'étaient fortement retranchés. Nos soldats se précipitent sur eux, pénètrent dans leur camp et leur enlèvent une partie de leurs tentes. Surpris et intimidés par cette vive attaque, ils prennent la fuite et se réfugient dans la montagne ; mais, bientôt rassurés, ils viennent nous assaillir à leur tour, et la lutte s'engage avec une grande énergie. Deux de nos escadrons furent un instant compromis. Les Arabes, formant un demi-cercle sur le derrière de la colonne, la poursuivirent avec un acharnement que nos boulets et nos obus ne contenaient qu'imparfaitement. Ce combat dura cinq heures. M. le duc d'Orléans y paya plusieurs fois de sa personne et donna l'exemple du courage et du sang-froid.

Après un jour de repos accordé aux troupes, le maréchal passe le Sig (3 décembre). Entre le Sig et l'Habrah s'étend une plaine de sept lieues d'étendue, et l'on devait s'attendre à y être attaqué par la cavalerie ennemie, si habile à profiter des avantages que lui donne son extrême mobilité. Abd-el-Kader épiait tous nos mouvements avec une rare intelligence ; mais le chef français avait sur lui l'avantage d'une longue expérience militaire, et il prit d'habiles dispositions.

Les généraux Oudinot, Perregaux et d'Arlanges, reçurent l'ordre de former leurs brigades en colonnes par pelotons, et de marcher à la même hauteur, renfermant entre leurs intervalles l'artillerie, les voitures et les chameaux qui composaient l'immense convoi de l'armée. La 4ᵉ brigade, sous les ordres du colonel Combes, fut chargée de l'arrière-garde et de la protection du convoi, lorsqu'il se trouverait isolé des trois premières brigades, par suite de leurs mouvements contre les Arabes.

L'ennemi, au nombre de plusieurs milliers de chevaux, assaillit l'arrière-garde aussitôt qu'elle eut franchi le Sig. Mais une attaque encore plus vive a lieu à la hauteur du camp d'Abd-el-Kader. Celui-ci met en mouvement sa nombreuse cavalerie et son infanterie régulière, au milieu de laquelle il marche en personne, entouré de ses principaux chefs et de ses étendards. Un coup de canon blesse son secrétaire qui était près de lui, et tue le porte-drapeau de son bataillon régulier. Mais ces masses sont ébranlées, elles se précipitent sur notre colonne, cherchant à en séparer l'arrière-garde. Ces efforts sont inutiles : l'arrière-garde parvient à rejoindre le corps principal. « Le maréchal, dit un historien militaire dont nous voulons reproduire ici exactement le récit, ayant toutes ses brigades sous la main, opéra alors un changement de direction à droite par brigade, à l'exception de la quatrième, qui, avec le convoi et la réserve, resta sur l'ancienne direction. Par ce mouvement, aussi régulièrement exécuté qu'habilement conçu, les trois premières brigades se trouvèrent en un clin d'œil formées en échelons par la gauche en ordre inverse, et marchèrent dans cet ordre vers la montagne où elles refoulèrent l'ennemi. Cela fait, le maréchal opéra un mouvement semblable par la gauche, et alors les mêmes brigades, en échelons par la droite et dans l'ordre naturel, reprirent la direction primitive. Tout cela se fit avec un ensemble merveilleux, qui dénotait et l'habileté du général, et l'instruction parfaite des troupes. Il était impossible d'appliquer avec plus d'intelligence les principes de la tactique aux besoins stratégiques du moment. Abd-el-Kader qui, dans cette journée, manœuvra de son côté aussi bien que le lui permettaient les éléments imparfaits qu'il avait entre les mains, forcé de renoncer à son attaque de flanc, se porta, par les montagnes, en avant de notre direction, et s'établit perpendiculairement à cette direction, dans une position formidable, sa droite appuyée à un bois et sa gauche aux montagnes. Son artillerie prit position à gauche sur un mamelon attenant aux montagnes, où il pouvait se retirer en cas de revers. Il nous attendit ainsi dans un lieu resserré où il restait maître de sa retraite. Le choix de cette position et les dispositions qu'il prit pour la défense auraient fait honneur à un général européen ; mais il oublia trop qu'il n'avait que des troupes arabes. »

Un nouvel engagement, plus vif, plus meurtrier que les précédents, était donc inévitable.

Impatient de reconnaître la position d'Abd-el-Kader, le maréchal marchait avec M. le duc d'Orléans en avant de la colonne. Ils n'étaient accompagnés que d'un petit nombre de tirailleurs et de chasseurs. Tout à coup ils se trouvent en présence d'une masse énorme de cavaliers dans laquelle vont donner les dix ou douze voltigeurs qui les précèdent. Par une de ces inspirations héroïques et soudaines qui nous ont valu tant de succès, à l'instant même tous les officiers de l'escorte mettent le sabre à la main, et, sans calculer le nombre des Arabes, ils enlèvent les chasseurs par le cri : *En avant ! en avant !* chargent à fond l'ennemi et le font reculer en désordre à plus de cinq cents mètres. L'artillerie, arrivant à propos, achève de le disperser.

Nos troupes continuent d'avancer, et se trouvent bientôt au pied du ravin qu'elles doivent franchir. Cette tâche est d'abord réservée aux zouaves et aux voltigeurs des 2e et 17e régiments d'infanterie légère. L'infanterie arabe qui garde la position est promptement débusquée. L'artillerie de l'émir ne peut arrêter l'élan : elle se débande et s'enfuit en désordre. Le brave général Oudinot, à la tête de ses soldats, est atteint d'une balle à la cuisse.

Pendant que la 1re brigade force ainsi le passage à droite, le général Perregaux fait attaquer le bois de l'Habrah par les voltigeurs du 17e léger. A leur tête se précipitent plusieurs des officiers du maréchal. Le duc d'Orléans est là, animant les soldats de la voix et de l'exemple. Comme le général Perregaux, il reçoit, au plus fort de la mêlée, une balle à la cuisse gauche, au-dessus du genou. Mais l'ennemi n'a pu résister à ces généreux efforts. Toutes ses positions sont enlevées, et notre armée arrive sur la gauche de l'Habrah à sept heures du soir, après dix heures de combat.

D'autres engagements, moins importants, signalèrent la marche pénible de l'armée vers Mascara. L'on atteignit enfin cette ville, et le prince y fit son entrée le 6 décembre.

Mascara avait été la veille le théâtre des plus grands désordres ; les juifs avaient été pillés, un grand nombre d'entre eux avait été massacré, des femmes et des enfants avaient succombé sous les coups furieux des Arabes ; la famille d'Abd-el-Kader n'avait pas même été épargnée. Il n'y restait que sept à huit cents Juifs, consternés et tremblants, et l'incendie y exerçait ses ravages.

L'œuvre de destruction, commencée par les Arabes, fut achevée par nos troupes. Les établissements militaires d'Abd-el-Kader furent rasés.

Un coup terrible venait d'être porté à la puissance de l'émir. L'armée quitta Mascara le 9 décembre, et rentra le 12 à Mostaganem. Pendant cette expédition, qui avait duré quinze jours, elle avait supporté de grandes fatigues et vaincu tous les obstacles avec une constance qui ne s'était pas démentie un seul instant. On vit même nos soldats chercher à adoucir, autant que possible, la misère de la population qui les suivait ; non-seulement les cavaliers placèrent des femmes et des enfants sur leurs chevaux ; mais les fantassins, et surtout les zouaves, qui formaient l'arrière-garde, n'hésitèrent point, malgré leur extrême fatigue, à prendre aussi des enfants sur leurs épaules et sur leurs sacs alourdis par cent cinquante cartouches, car il avait fallu soulager les chameaux qui portaient les munitions de guerre.

Le prince avait fait dans cette campagne un pénible et glorieux apprentissage de la guerre. Sa place, marquée à côté du maréchal, devait toujours être belle et périlleuse. Sa blessure au combat de l'Habrah fut à la fois un privilége de son rang et le prix de son noble courage. Dans toutes les journées de cette expédition, il montra le plus patriotique dévouement et une tranquillité stoïque, sur la couche dure du bivouac comme au milieu de l'action, comme dans les rudes fatigues des marches et des campements. « Il fallait le voir, ont raconté depuis nos soldats, avec son képy rouge, son burnous blanc qui le désignait de loin aux balles des Arabes, il fallait le voir au milieu de nos rangs, le teint hâlé comme nous, soit qu'au fort de l'action il s'élançât, avide de danger, l'épée à la main, soit encore qu'au milieu d'une route pénible, dévoré par le soleil africain, il conservât cette gaîté insouciante, ce calme des âmes fortes que rien ne peut ébranler [1]. »

---

[1] On lit à ce sujet dans une vie du duc d'Orléans :
« La marche fut longue, pénible, remplie de privations de tout
« genre. Dans ce cortége guerrier, le prince se faisait remarquer
« par sa bonne grâce, par son dévouement, par sa générosité

Échappé aux balles des Arabes, le duc d'Orléans n'échappa point à l'influence meurtrière du climat. Il fut atteint par la fièvre d'Afrique, et peu s'en fallut qu'il ne succombât à ses violentes attaques. Sa vigoureuse constitution le sauva, mais il fut emporté mourant sur le vaisseau qui devait le ramener en France ; avant de partir, il adressa à ses frères d'armes cette lettre d'adieu :

« Mostaganem, 13 décembre 1835.

« Je ne puis, mon cher Maréchal, m'éloigner du corps expé-
« ditionnaire de Mascara, sans demander au digne chef qui l'a
« conduit à la victoire d'être mon interprète auprès des chefs de
« toutes armes qui le composent. Veuillez, en leur transmettant
« mes adieux, leur dire que je m'estime heureux d'avoir été té-
« moin de leur courage dans les combats, de leur patience dans
« les fatigues. Je m'empresserai d'en rendre compte au Roi, mon
« père, et je ne doute pas que la France n'apprécie les obstacles
« et les difficultés du triomphe dans lequel vos habiles combi-
« naisons ont été secondées par le courage des troupes. »

Le duc d'Orléans, dont les instincts étaient éminemment nationaux, avait compris que l'Algérie de-

« chevaleresque ; il se contentait du pain du soldat, et il buvait
« de leur eau quand il y avait de l'eau ; à qui était blessé, il cé-
« dait sa tente, son lit ou son cheval ; il était levé le premier et
« couché le dernier ; il excitait par sa présence autant que par
« ses discours, chacun à bien faire. »

vait être pour la France un élément de grandeur et de force ; il avait compris que la terre qui renfermait les ossements de tant de milliers de braves, devait être à *jamais française ;* et, dans toutes les circonstances, on le vit associer à la défense des intérêts de nos soldats, celle d'un pays où ils avaient pu ajouter à notre gloire. Il était sans cesse ramené par toutes ses pensées, par toutes ses sympathies, au milieu de l'armée d'Afrique, et il brûlait d'acquitter la promesse qu'il lui avait faite de revenir partager encore une fois ses travaux et ses périls. L'occasion ne devait s'en offrir que quelques années après ; de graves obstacles s'opposèrent à son départ [1], mais sa volonté sincère et forte les surmonta tous. Il s'arracha à sa famille, aux plus tendres et aux plus puissantes affections, à des joies toutes nouvelles pour lui, aux embrassements du fils que Dieu venait de lui donner, et il tou-

---

[1] On lit dans une vie du duc d'Orléans :

« Le Roi s'opposait à ce départ, la reine pleurait à l'avance, le « conseil des ministres résistait ; mais le prince royal restait « ferme dans sa volonté. Alors, en désespoir de cause, la reine « éplorée s'adressa à la duchesse d'Orléans, la priant et la sup- « pliant d'empêcher ce départ au nom de son fils. Mais la prin- « cesse, digne de sa fortune, digne de son noble époux, n'opposa « à cette résolution bien arrêtée qu'un front calme et serein. »

cha de nouveau la terre d'Afrique le 27 septembre 1839[1].

[1] Voici une lettre que M. le duc d'Orléans écrivait, au moment de partir une seconde fois pour l'Afrique, à M. le général Létang. Cette lettre peint admirablement les sentiments du prince :

« Après bien des vicissitudes et des efforts contraires dont je
« vous épargne le récit, mon général, j'ai obtenu d'aller acquit-
« ter, comme un homme d'honneur doit le faire, l'épée à la
« main et dans les rangs de l'armée, l'engagement que j'ai con-
« tracté, en Afrique, lors de mon dernier voyage. Je pars sur-le-
« champ, de peur qu'on ne revienne sur cette décision; mais je
« pars à de telles conditions que, pour m'y soumettre, il m'a
« fallu mon inébranlable volonté de tout sacrifier au plus sacré
« de tous les devoirs, à l'accomplissement d'une promesse d'hon-
« neur. Ne regrettez donc pas, mon cher général, de ne pas venir
« avec moi; pour moi, personnellement, je le regrette vivement,
« car je vous apprécie à toute votre valeur et vous suis attaché;
« mais pour vous (avec les exigences auxquelles j'ai dû, pour
« obtenir ma place de bataille pour la troisième fois à l'armée
« d'Afrique, me soumettre), il n'y aurait eu rien à faire qui ne fût
« au-dessous de ce que vous avez déjà fait.

« Adieu, mon cher général, je penserai souvent à vous au mi-
« lieu des troupes que vous avez toujours si bien guidées.

« Signé : FERDINAND.

« A monsieur le général de Létang, à Arras. »

II.

EXPÉDITION DES PORTES-DE-FER.

Une nouvelle et importante expédition avait dû être préparée. La France, en plaçant sous son gouvernement direct tout le territoire soumis précédemment à Achmet Bey, en instituant, le 30 septembre 1838, des Kabyles pour administrer les différents arrondissements qu'elle avait déterminés, s'était imposé l'obligation de faire reconnaître par toutes les tribus les chefs auxquels elle avait donné l'investiture. Le moment avait paru opportun à l'illustre maréchal Valée pour franchir le Biban et reconnaître la grande communication qui doit réunir Alger à Constantine. C'est à cette brillante expédition que le duc d'Orléans avait résolu de s'associer.

Le prince, avant de se rendre à Constantine, visita Bougie et Djigelly. Arrivé à Bougie le 7 octobre, il inspecta les fortifications de ce point, célèbre déjà par les combats meurtriers dont il avait été le théâtre et qui doit acquérir une grande importance, lorsque la Kabylie sera entièrement soumise et domptée. De Bougie le duc d'Orléans se rendit à Djigelly qui lui offrait un souvenir historique et intéressant pour un fils de France. C'est à Djigelly, en effet, que, sous les ordres de M. de Beaufort, avait débarqué en 1664 le régiment Royal, ce glorieux aïeul du 23ᵉ. Le prince visita les nouvelles fortifications dressées par nos troupes en grande partie sur les tracés de Duquesne et de M. le duc de Beaufort, et passa en revue la légion étrangère.

Le 8 octobre, M. le duc d'Orléans débarqua à Stora, où l'attendaient M. le lieutenant général Galbois, alors commandant de la province de Constantine, et les principaux chefs de cette province, au nombre desquels étaient les chefs du désert. Ils venaient lui faire hommage de leur soumission à la France. De Stora, le prince se rendit à Philippeville, établissement entièrement nouveau, et dont les rapides développements appelaient l'attention. Le 10, il continua sa marche vers Constantine, en traversant les camps d'El-Arouch, les Tonnietts et Smendou. Dans la matinée du 12, il atteignit la vallée du Rummel, aux rives couvertes de palmiers, de cyprès, d'orangers, d'oliviers ; et après avoir parcouru pendant une heure cette oasis, il se trouva tout à coup en vue de Constantine et de ses redoutables escarpements.

Le tableau qui se déroulait alors était à la fois imposant et pittoresque. Sur tous les points de la route apparaissaient les chefs Kabyles, au burnous rouge, descendant des montagnes pour saluer le Prince. De tous les côtés de la vallée débouchaient incessamment des flots de populations arabes et européennes, qui frappaient l'air de son nom dans vingt idiomes différents. Un magnifique soleil d'Afrique animait encore cette scène.

Le général Galbois, qui avait devancé le Prince royal, lui présenta bientôt toutes les grandes députations de la ville et de la province. Il se passa en ce moment une scène touchante.

Le Cheik-el-Beleb, chef de la religion à Constantine, vénérable vieillard, âgé de plus de quatre-vingts ans, s'était fait porter, par ses enfants, jusqu'à l'arc de triomphe dressé à quelque distance de la ville pour être le premier à bénir l'arrivée du Prince royal. Depuis plus de quinze ans, accablé, enchaîné par les infirmités, il n'avait franchi les portes de Constantine. Le spectacle de ce vieillard austère, de ce chef de leur religion, triomphant de ses maux pour se rendre au-devant du fils du roi des Français, comme autrefois le grand prêtre

Gaddus, au-devant du conquérant macédonien, avait enflammé les indigènes. Diverses corporations s'étaient groupées autour de lui et donnaient à sa démarche un caractère encore plus solennel.

Le Prince royal en fut ému jusqu'aux larmes, et il en témoigna vivement sa reconnaissance au Cheik-el-Beleb.

Les remparts de Constantine ont reçu cette inscription glorieusement mémorable :

« *Aux braves morts devant Constantine, en 1836*
« *et 1837.* »

La première visite du duc d'Orléans fut pour cette brèche où semblent revivre tant de nobles dévouements, et qui avait été témoin de tant de trépas héroïques. De là, il rentra dans la ville par la porte qui a reçu le nom de l'illustre vainqueur de Constantine, et arriva, non sans peine, au palais du Bey; une foule immense se pressait sur son passage. Chaque minaret, chaque porte, chaque fenêtre avait son drapeau tricolore, et les vieilles arcades romaines, dont les ruines gigantesques frappent encore d'étonnement et d'admiration, devenues des arcs de triomphe, portaient, encadrés dans des palmes vertes, les noms d'*Anvers* et de *Mascara*.

Les établissements publics, et notamment les hôpitaux furent, dans cette ville, l'objet de la sollicitude du Prince. Il laissa partout sur son passage des traces de sa bienfaisance éclairée; mais les opérations militaires l'appelèrent bientôt à Sétif. Il traversa, en s'y rendant, Milah et Djimilah. A Djimilah, de magnifiques ruines romaines, qui attestaient la grandeur passée de cette ville, enchantèrent les regards de l'armée : c'étaient un temple, un théâtre, deux mosaïques, et surtout un arc de triomphe si admirablement conservé, que le Prince conçut un moment la pensée hardie d'en numéroter les pierres, et d'envoyer tout entier en France ce trophée de granit. Il inscrivit son nom sur une des colonnes intérieures [1].

Le 21, le duc d'Orléans arriva à Sétif où se trouvait réunie la colonne expéditionnaire [2].

---

[1] *Voy.* ci-après, note A.

[2] Voici l'organisation de l'armée :

Commandant en chef : Maréchal, comte Valée. — Chef d'état-major : général Desalles.

1ʳᵉ DIVISION : *Duc d'Orléans.* — Aides-de-camp : lieutenant général Baudrand, lieutenant général Marbot. — État-major : colonel Gérard. — Officiers d'ordonnance : chef d'escadron de Montguyon, de Chabaud-Latour, d'Elchingen, capitaines Bertin de Vaux et Munster. — Commandant d'artillerie : capitaine Jorry. —

Sétif avait été choisie pour lieu de réunion, comme le point stratégique du plateau qui s'étend entre les monts Aurès et la première chaîne de l'Atlas; toutes les routes qui mènent au Biban passent sous le canon de ce fort; les communications qui conduisent de Constantine à Bougie, à Zamorah, à la partie du désert qui se prolonge derrière les montagnes d'Ouernougah, viennent aboutir aux ruines de l'ancienne *Sitifis-Colonia*. Cette position devenait naturellement la base temporaire des opérations de l'armée dans le sud de la province.

— Commandant le génie : capitaine Devaux. — Sous-intendant militaire : Darrican. — Chirurgien : docteur Pasquier. — Troupes : 2ᵉ léger, 23ᵉ de ligne, 1ᵉʳ escadron du 1ᵉʳ régiment de chasseurs, 1ᵉʳ et 2ᵉ escadrons du 3ᵉ chasseurs, spahis de Constantine, 2ᵉ et 3ᵉ section d'artillerie de montagne, compagnie de sapeurs du génie.

2ᵐᵉ Division : *Lieutenant général baron Galbois*. — Chef d'état-major : capitaine de Biarre. — Officiers d'état-major : capitaine Robert, lieutenant Besson. — commandant l'artillerie : lieutenant Laportalière. — Commandant le génie : capitaine N. — Sous-intendant militaire : Robert. — Chirurgien : Viton. — Troupes : 17ᵉ léger, 1ᵉʳ bataillon du 22ᵉ de ligne, détachement du 3ᵉ d'infanterie légère d'Afrique, bataillon turc, 7ᵉ compagnie de sapeurs du génie (1ᵉʳ bataillon, 2ᵉ régiment), 1ʳᵉ section de la batterie de montagne, 3ᵉ, 4ᵉ et 5ᵉ escadrons du 3ᵉ régiment des chasseurs, spahis irréguliers.

Toutes les mesures furent prises par le maréchal Valée pour assurer le succès de ces opérations.

La colonne expéditionnaire qui s'était mise en mouvement le 25, se rapprocha, le 27, des montagnes du Dra-el-Amar qui touchent au Biban. Jusqu'à ce moment on lui avait laissé ignorer sa destination ; on lui apprit enfin qu'elle était appelée à franchir les Portes-de-Fer : à cette nouvelle elle laissa éclater toute sa joie.

Un ordre du jour (28) fit connaître que la division du duc d'Orléans passerait les Portes pour se rendre à Alger par les vallées de l'Ouad-Beni-Mansoura et de son affluent l'Ouad-Hamza, et que la division Galbois rentrerait dans la Medjana pour continuer les travaux commencés à Sétif. Les officiers de tous les corps de cette division vinrent prendre successivement congé du Prince royal. Tous ces braves montrèrent une profonde douleur de ne pas continuer de marcher avec lui et d'être forcés, pour leur part, de renoncer à une entreprise qui saisissait si vivement les imaginations; mais la tâche qui leur était réservée était belle aussi, et la certitude que le Prince signalerait leurs titres à l'estime du pays et aux récompenses qu'ils auraient méritées fut pour eux une puissante consolation.

Le duc d'Orléans, après avoir reçu des chefs kabyles le tribut qu'ils payent au souverain lorsqu'il se rend près d'eux, se dirigea vers le Biban. La tête de colonne était précédée par les chefs connus sous le nom de *Cheicks des Portes-de-Fer*. La petite armée se trouva bientôt devant ce passage redoutable, dont il convient de donner ici une brève description.

Le chaînon de l'Atlas, qui a reçu le nom de *Portes de Fer*, est formé par un immense soulèvement qui a relevé verticalement les couches de rochers, horizontales à l'origine. L'action des siècles a successivement enlevé les portions de terrain qui réunissaient autrefois les bancs de Roches, et elles présentent ainsi aujourd'hui une suite de murailles verticales qu'il est presque impossible de franchir, et qui se prolongent au loin en se rattachant à des sommets d'un accès plus difficile encore. Au milieu de cette chaîne coule l'Oued-Biban (Ouad-Boukoton), ruisseau salé qui s'est frayé passage à travers un lit de calcaire noir, dont les faces verticales s'élèvent à plus de cent pieds de hauteur et se rattachent, par des déchirements inaccessibles, aux murailles qui couronnent les montagnes. Le passage, dans trois endroits, n'a que quatre pieds de largeur ; il suit constamment le lit de la rivière torrentueuse qui l'a ouvert et qui amène des cailloux roulés, lesquels rendent très-pénible la marche des hommes et des chevaux. Dès que les pluies augmentent le volume des eaux, le passage devient impraticable; le courant, arrêté par les rétrécissements auxquels on a donné le nom de Portes, élève quelquefois les niveaux de la rivière jusqu'à trente pieds au-dessus du sol; elle s'échappe ensuite avec violence par une étroite vallée qu'elle inonde entièrement. Ce célèbre passage n'a point d'autre issue, et ceux qui le voient le trouvent encore plus difficile que la renommée ne le leur avait appris.

Telle est la route périlleuse que les Turcs avaient tracée pour se rendre d'Alger à Constantine. Les Romains ne paraissent point avoir suivi cette voie. On n'y trouve, du moins, aucun vestige de leur domination.

L'avant-garde avait reçu l'ordre de se jeter à travers le défilé et d'occuper immédiatement les crêtes qui commandent la sortie; trois compagnies d'élite devaient en faire autant à droite et à gauche, pendant le passage du reste de la division et du convoi. Ces dispositions qui prévenaient et déjouaient toute attaque, furent couronnées d'un plein succès. Quelques coups de fusil, tirés de loin par des maraudeurs et qui n'atteignirent personne, protestèrent seuls contre la présence de notre colonne. Le passage dura quatre heures. Les soldats firent continuellement retentir leurs cris sous ces rochers immenses, et nos sapeurs, pour y perpétuer le souvenir de cette glorieuse expédition, gravèrent sur leurs flancs une inscription d'une simplicité éloquente :

Armée française, 28 *octobre* 1839.

La colonne déboucha de ce sombre défilé dans une délicieuse vallée, et retrouva avec une joie nouvelle ce soleil éclatant qui lui manquait depuis plusieurs heures. Bientôt elle gagna la grande halte : chaque soldat agitait dans ses mains, en guise de trophée, une palme arrachée au tronc de palmiers séculaires qu'avait si longtemps protégés l'ombre redoutable des Bibans. La gaieté de tous faisait de cette journée une journée de fête. De toutes parts nos baïonnettes brillaient sur les hauteurs... Un orage, éclatant soudain, vint ajouter encore son étrange magie à cette scène déjà si pittoresque et si grandiose : les éclats redoublés de la foudre se mêlèrent aux accords de la musique guerrière, et le soldat, ému et étonné, sentit encore plus profondément la nouveauté et la grandeur de l'entreprise qu'il avait si heureusement accomplie.

La colonne se remit en marche, se dirigeant sur Hamza ; le mauvais temps la força de bivaquer sur les bords de l'Oued-Malehh, à deux lieues des Bibans. Le lendemain (29), après avoir traversé une vaste forêt, où l'on rencontre en abondance de belles essences résineuses dont les troncs sillonnés annoncent l'industrie des habitants, l'avant-garde couronna un mamelon devant lequel se déployèrent deux magnifiques vallées dominées par le Jurjura, et qui, se réunissant en une seule, au confluent de l'Oued-Beni-Mansoure et de l'Oued-Malehh, vont se perdre vers Bougie. L'armée apercevait devant elle, et à peu de distance, six grands villages bien construits, entourés de jardins, et pittoresquement groupés sur les dernières hauteurs. Au loin, à gauche, se déployait sur le revers opposé une ville qui, à en juger par ses deux minarets, devait avoir quelque importance et quelque étendue. La vallée, couverte d'oliviers et régulièrement cultivée, annonçait l'industrie et la richesse des populations. Les nombreux habitants des villages se détachaient par groupes devant leurs maisons, évidemment surpris de l'arrivée d'une colonne dont ils n'avaient pas soupçonné l'approche. Un mouvement rapide de notre cavalerie rendit leur fuite impossible; les chefs vinrent demander l'aman; les Arabes s'empressèrent d'approvisionner l'armée, qui n'eut pas à tirer un seul coup de fusil. L'aspect des villages qu'elle traversa révéla de plus en plus une population industrielle. Les innombrables oliviers de la vallée, tous greffés avec soin, un grand nombre de pressoirs qui se faisaient également remarquer, donnèrent lieu de penser que les Beni-Mansoure fournissaient au marché d'Alger la plus grande partie de l'huile qui s'y consomme.

La colonne avait suivi, depuis Sétif, la grande voie qui conduit de Constantine à Médéah par les plaines élevées de la Medjana et de l'Oued-Beni-Mansoure; pour se rapprocher d'Alger et franchir la première chaîne de l'Atlas, elle devait tourner au nord, à la hauteur du fort de Hamza, et se porter ensuite de la vallée de l'Ouad-Hamza dans celle de l'Ouad-Beni-Djaad, cours d'eau qui, réuni à l'Ouad-Zeitoum, forme la rivière des Issers. On avait pu craindre que le kalifah d'Abd-el-Kader, Ben-Salem, ayant des intentions hostiles contre la colonne, se serait établi sur le plateau du fort d'Hamza pour barrer la route d'Alger. Prévenant cette manœuvre, le maréchal prescrivit au duc d'Orléans de réunir les compagnies d'élite de sa division, toute la cavalerie et deux obusiers de montagne, de partir de

Ref-Rajellah, le 30, une heure avant le jour, et de se porter rapidement sur Hamza ; il se réserva de conduire lui-même le reste de la colonne et de soutenir le prince si le combat s'engageait.

Le duc d'Orléans marcha rapidement sur Hamza. Au moment où la tête de colonne débouchait dans la vallée de ce nom, Achmet-Ben-Salem parut sur la crête opposée à celle que suivait la colonne française. Le prince, après avoir fait occuper fortement par son infanterie les hauteurs qui dominent l'Ouad-Hamza, lança sa cavalerie dans la vallée. Les chasseurs et les spahis, conduits par le colonel Miltgen, gravirent rapidement la berge sur la crête de laquelle se montraient les cavaliers de Ben-Salem. Ceux-ci se replièrent sans tirer un coup de fusil ; le kalifah, dont on apercevait les drapeaux, averti que le prince se dirigeait sur Alger, donna l'ordre à sa cavalerie de se retirer, et se porta vers l'ouest, du côté de Médéah, renonçant au projet qu'il avait eu sans doute de défendre la position de Hamza.

Dès que la cavalerie eut couronné les hauteurs que les Arabes abandonnaient, le prince qui s'y était porté de sa personne, fit donner l'ordre à son infanterie de remonter la vallée et d'occuper Hamza. L'avant-garde s'établit autour de ce fort que l'on trouva complétement abandonné.

Après avoir bivaqué sur la rive gauche du ruisseau de marbre, la colonne prenant au nord, se rapprocha (31) de la tribu des Beni-Djaad qui, de tout temps, s'était montrée hostile. L'on manœuvra avec plus de circonspection encore que les jours précédents, et l'on prit des mesures pour qu'en cas de combat la marche du convoi ne fût pas retardée.

Ces précautions n'étaient pas inutiles. Au moment où l'arrière-garde descendait les derniers contreforts du défilé de Draa-el-Abagal, quelques cavaliers parurent sur les crêtes, et firent feu sur nos troupes. M. le duc d'Orléans, qui se porta rapidement à l'arrière-garde, reconnut promptement qu'une faible partie de la population prenait part à cet acte d'hostilité, et après avoir fait répondre par quelques coups de fusil, il prescrivit à la colonne de continuer sa marche.

La division vint faire une grande halte sur la rive droite de l'Ouad-Beni-Djaad; quelques cavaliers ne tardèrent pas à se montrer derrière l'arrière-garde, formée par le 2e léger; leur nombre augmenta peu à peu, et ils commencèrent à tirer sur l'infanterie qui couvrait le convoi. Les Arabes se prolongèrent ensuite par leur droite, et vinrent s'établir, au moment où la colonne se remettait en route, sur un mamelon qui dominait la plaine. Le prince ne voulut pas les laisser dans une position d'où ils pouvaient inquiéter le flanc droit de la colonne, et il ordonna au colonel Miltgen de gravir cette hauteur avec sa cavalerie, en tournant la gauche des Arabes pour les rejeter dans le ravin. Les Arabes furent promptement culbutés. M. le duc d'Orléans fit continuer encore pendant quelque temps le feu de l'infanterie ; il prescrivit ensuite de tirer deux obus sur un groupe de cavaliers qui se montraient vers la gauche; les Arabes s'arrêtèrent immédiatement, et la colonne continua tranquillement sa marche.

Le lendemain (1er novembre,) les excellentes dispositions prises par M. le duc d'Orléans, maintinrent les Arabes à distance, et la colonne s'établit le même jour sous le canon du Fondouck.

Ainsi se termina cette entreprise mémorable à laquelle le concours du prince avait donné un caractère encore plus grave et plus solennel. Elle complétait admirablement l'œuvre de la prise de Constantine, et, en illustrant nos armes d'un nouvel éclat, elle prouvait aux populations arabes notre ferme volonté d'établir notre domination sur tous les points du territoire conquis. Elle devait exercer une heureuse influence sur nos établissements de l'ouest de la province de Constantine, et ces résultats, malgré quelques événements contraires, ont été en effet réalisés.

La ville d'Alger apprit en même temps par les troupes qui rentraient victorieuses dans ses murs, l'expédition hardie des Portes-de-Fer, et son heureux dénoûment; jamais événement plus important et plus imprévu n'avait ému sa généreuse population; jamais un gage plus éclatant de stabilité n'avait été donné à la colonie.

La division du prince s'était mise en marche pour Alger, en suivant la belle route construite par l'armée pour relier la capitale aux camps qui couvraient alors à l'Est la plaine de la Mitidja. S. A. R. avait voulu conserver encore le commandement des troupes qui avaient fait la campagne sous ses ordres. Elle tenait à donner un dernier témoignage d'intérêt aux soldats en les ramenant jusqu'aux portes d'Alger.

Lorsque la colonne arriva à la hauteur de la Maison-Carrée, le jeune général la fit serrer en masse, réunit autour de lui les officiers de tous grades et leur adressa cette allocution :

« MESSIEURS,

« En vous faisant mes adieux au moment d'une séparation que
« je vois arriver avec regret, je suis heureux de pouvoir vous re-
« mercier du concours que vous m'avez prêté, et du dévouement

« que vous apporté à la belle entreprise que l'habileté consom-
« mée du chef illustre qui nous commande, et un concours par-
« ticulier de circonstances heureuses, nous a permis d'accomplir
« avec un si éclatant succès. L'honneur d'avoir marché à votre
« tête dans cette circonstance mémorable sera toujours un des
« plus beaux souvenirs de ma vie. Votre campagne est finie au-
« jourd'hui, messieurs ; ma tâche à moi va commencer, c'est de
« faire connaître les titres que vous acquérez chaque jour à
« la reconnaissance de la patrie et aux récompenses du roi
« dans ce pays difficile, où tout s'use, excepté le cœur des hom-
« mes énergiques comme vous. En cessant d'être votre chef et le
« compagnon de vos travaux, je resterai l'ardent défenseur de
« vos droits. La cause est bonne : puissé-je la gagner ! Je dirai
« toutes les grandes choses que l'armée a faites en Afrique, toutes
« les épreuves qu'elle subit avec un dévouement d'autant plus
« admirable qu'il est souvent ignoré et quelquefois méconnu.
« Dans les pays inconnus que nous avons traversés ensemble,
« je ne me suis pas cru absent de la France, car la patrie est
« pour moi partout où il y a un camp français ; je ne me suis pas
« cru éloigné de ma famille, car j'en ai trouvé une au milieu de
« vous, et parmi les soldats dont j'ai admiré la persévérance dans
« les fatigues, la résignation dans les souffrances, le courage
« dans le combat. La plupart d'entre vous ont déjà presque en-
« tièrement payé dans ce pays la dette que leur a imposée le ser-
« vice de la patrie ; et si de nouvelles circonstances me rappe-
« laient en Afrique, je n'y retrouverais que de nouveaux régi-
« ments auxquels vous avez montré l'exemple ; mais partout où
« le service de la France vous appellera, vous me verrez accou-
« rir au milieu de vous, et là où sera votre drapeau, là sera tou-
« jours ma pensée. »

Le prince voulut ensuite défiler à la tête de ses

soldats devant le gouverneur général, pour lui témoigner combien il avait été heureux d'être l'un des chefs de cette mémorable expédition, et lui remettre, pour ainsi dire, les troupes dont le commandement lui avait été confié. Un spectacle admirable s'offrit alors à tous les regards, la colonne se déployait majestueusement sur une hauteur au pied de laquelle s'étend la vaste plaine de la Mitidja; à sa tête marchait le prince, objet de tant de vœux et de tant d'espérances, qui venait d'illustrer encore par de nouveaux combats et la conquête d'un vaste territoire, sa brillante et pure renommée. Au moment même où défilait l'armée de terre, les bateaux à vapeur qui avaient transporté les troupes à Philippeville, et contribué par le zèle de leurs équipages au succès de l'expédition, se montraient au cap Matifou, et venaient paisiblement mouiller dans le port d'Alger. La marine semblait ainsi réclamer sa juste part dans ce succès et rappeler que les deux armées sont solidaires de dévouement et de gloire.

La colonne, après avoir fait halte pendant une heure à la Maison-Carrée, se dirigea sur Alger. Le prince, accompagné du maréchal et d'un brillant état-major, marchait à sa tête. Le cortége se grossit d'un grand nombre d'officiers qui accouraient de toutes parts au-devant de S. A. R. Les populations européenne et indigène faisaient entendre de longues et solennelles acclamations. Au milieu de ces cris de triomphe, les corporations de Kabyles, de Biskris, de Mozabites, se présentèrent successivement, précédées par des musiques indigènes, et témoignèrent l'admiration que leur inspirait le succès d'une entreprise dont les traditions n'avaient point laissé d'exemple. La France semblait avoir pris une seconde fois possession de l'Algérie, et gravé en caractères ineffaçables sa souveraineté sur les Portes-de-Fer. L'éloge du duc d'Orléans était dans toutes les bouches. A la porte d'Alger il fut reçu par M. le directeur de l'intérieur et toutes les autorités civiles qu'accompagnaient les principaux habitants de la ville et un grand nombre de colons. M. le comte Guyot adressa au prince l'allocution suivante :

« MONSEIGNEUR,

« La population d'Alger, heureuse de posséder une seconde
« fois Votre Altesse Royale dans ses murs, et des circonstances
« qui l'y ramènent, se porte en foule au-devant de vous et des
« braves qui vous accompagnent.

« Ses magistrats se sont empressés de la précéder, fiers de vous
« complimenter les premiers sur le brillant succès d'une entre-
« prise admirable par le courage et la résolution qui l'ont accom-
« plie, comme par la pensée qui l'a conçue, qui aura pour l'ave-
« nir de ce pays des résultats immenses, et va rehausser encore

« la gloire de Votre Altesse Royale et de l'armée, du Roi et de la
« patrie.

« *Vive le Roi! vive le duc d'Orléans!*

« Et moi, monsieur, a répondu le Prince, je suis heureux de
« l'accueil fait par la population d'Alger à l'armée qui vient d'ac-
« complir encore une grande et difficile opération, et au chef
« entreprenant et habile qui, en assurant le succès de cette belle
« entreprise, vient d'ajouter à tous les services qu'il a déjà ren-
« dus à la colonie. Pour ma part, je suis fier d'avoir pu associer
« mes efforts à ceux des braves qui m'entourent, pour donner à
« la colonie un nouveau gage de stabilité et d'avenir, sans com-
« promettre une paix dont elle retire déjà de précieux avantages.
« Je m'enorgueillis de rentrer par la bonne porte, par la porte
« de terre, dans la capitale de cette nouvelle France que l'armée
« a conquise, sillonnée de routes, couverte de beaux et d'utiles
« travaux, et que vous saurez tous féconder, peupler, et rendre
« digne de la mère-patrie. J'attends, comme vous, un grand effet
« des circonstances qui me ramènent au milieu de vous; j'es-
« père que c'est un grand pas fait vers le développement de cette
« colonie à jamais française. J'espère que les résultats obtenus
« feront des Algériens de tant d'hommes qui, jusqu'à présent,.
« n'ont pas eu foi dans l'Afrique; et je regarde comme un grand
« honneur et un grand bonheur pour moi d'avoir pu concourir à
« un des plus grands événements de ce siècle, à la conversion en
« province française et civilisée de cette terre jusqu'à présent
« barbare et hostile. »

Ce discours fut suivi de longues acclamations. Pendant quelques minutes les cris de : *Vive le roi! Vive le duc d'Orléans!* retentirent de toutes parts; et la foule, juste appréciatrice des services rendus, voulut aussi témoigner par les cris de : *Vive le maréchal Valée!* la part qu'elle accordait à l'illustre gouverneur dans les progrès de la colonie.

(2 novembre). Le prince entra ensuite dans la ville. De toutes parts la population se pressait autour de sa personne; les Maures et les Arabes se montraient en grand nombre sur tous les points; on remarquait des femmes musulmanes, que la nouveauté et la grandeur de ce spectacle avaient attirées; d'autres femmes indigènes, enveloppées de leurs voiles blancs, jouaient sur des instruments du pays des airs de victoire particuliers à la nation. Le prince arriva, ou plutôt fut porté en triomphe jusqu'à la place du Gouvernement, où il se plaça vis-à-vis le pavillon de l'Horloge. Il n'avait pas voulu permettre que l'on fît évacuer la place, et les troupes furent obligées de s'ouvrir péniblement un passage pour défiler devant lui. Au milieu de cette foule si émue, si fière du succès que la France venait d'obtenir, s'avançaient, au son d'une brillante musique, d'intrépides soldats, dont le courage éprouvé par tant de combats et de travaux, venait d'ajouter une page nouvelle à l'histoire de leur régiment. Sur la rade, les bâtiments de la marine royale se couvraient de leurs pavillons de victoire; le canon des forts annonçait au loin qu'un

jour de triomphe brillait pour l'Afrique comme pour la France ; et tous ces hommages des peuples et des troupes s'adressaient à un jeune prince, qui, depuis neuf années, avait pris part, dans toutes les grandes circonstances, aux travaux et aux dangers de l'armée. Les soldats qui avaient servi sous ses ordres racontaient à leurs camarades les soins dont il les avait entourés pendant les longues journées de marche ; ils rappelaient son sang-froid et son courage dans les périls ; les officiers répétaient l'éloge fait par le maréchal des habiles dispositions du prince en présence de l'ennemi, et faisaient remarquer qu'en s'éloignant de sa personne pendant les heures de combat, il avait ainsi donné une grande preuve de sa confiance dans les talents militaires de Son Altesse Royale.

(4 novembre). La colonne, pour témoigner une fois de plus au jeune général toute son estime, avait résolu de lui offrir un banquet. L'Hôtel de la Régence, décoré pour cette fête, réunit les autorités civiles et militaires de l'Algérie, et tous les officiers supérieurs qui avaient fait avec le prince l'expédition du Biban. La population civile tenait à montrer les sentiments d'affection et de concorde qui unissent l'armée et le pays, et à prouver que les hommes de travail et de labeur savent parti-

culièrement apprécier l'admirable résignation et le brillant courage de nos soldats.

Au dessert, le président de la Chambre du commerce se leva, et, au nom de la colonie, porta le toast suivant :

« *Au Roi! au Roi! au père de la patrie!* car l'Algérie et la
« France ne font qu'un dans son cœur, et les habitants des deux
« contrées lui doivent un égal tribut d'affection et de reconnais-
« sance. Notre amour de l'ordre et du travail est digne de ses
« royales sympathies. Nos efforts seconderont ses vues pour la
« prospérité de la colonie, et cet heureux concours enrichira
« d'un nouvel et brillant fleuron la couronne de France. *Au*
« *Roi! vers qui ses enfants de l'Algérie portent leurs espérances et*
« *leurs vœux! Au Roi!*

Le prince répondit en ces termes :

« Messieurs,

« Je suis heureux de représenter le Roi dans cette belle
« réunion, de pouvoir vous remercier en son nom de la santé
« que vous venez de lui porter, et de vous assurer de sa constante
« sollicitude pour nos possessions d'Afrique, qui sont désormais
« un des premiers intérêts de la France. Ainsi que vous l'avez
« dit, il confond dans son cœur la France d'Europe et cette
« France africaine qui n'a d'autres limites que celles que nous nous
« sommes nous-mêmes tracées ; et je suis certain d'être son fidèle
« interprète en vous proposant ce toast :

« *A la prospérité et au développement rapide de la colonie fran-*
« *çaise d'Afrique !* »

Les cris de : *Vive le roi! vive le duc d'Orléans!* recommencèrent après ce discours, et l'on entendit pendant longtemps les acclamations de la foule qui se joignaient à celles des convives.

Quelques moments après, un colon se leva et porta la santé de Son Altesse Royale :

« *Au duc d'Orléans!*

« Vous avez voulu, Monseigneur, faire vous-même une grande
« enquête de nos besoins, des causes de nos revers et de nos
« succès, des immenses ressources du pays, pour en doter à ja-
« mais la fortune de la France.

« C'est dans ces vues, et non pour l'éclat d'une gloire passa-
« gère, que vous avez parcouru des contrées encore inconnues
« de nos armées; et dans ce voyage, qui rappelle ceux du peuple
« dominateur qui seul, avant les Français, ait colonisé l'Algérie,
« vous avez gravé en caractères ineffaçables, sur les roches
« de Biban, la prise de possession par la France. Près de cette
« porte de terre, devenue glorieuse, vous avez salué Alger
« de capitale d'un nouveau royaume. Il doit un jour doubler no-
« tre patrie. Ce langage, qui nous a remplis d'enthousiasme, sera
« compris de la France. Vous vaincrez l'ignorance et les préjugés
« ennemis de l'Algérie, comme vous vaincriez ses autres ennemis;
« et sous vos auspices s'accomplira cette grande tâche, la gloire
« de notre époque, la colonisation progressive et entière de toute
« cette contrée. »

Le prince répondit :

« Je vous remercie, monsieur, d'avoir rendu justice à l'attache-
« ment que depuis longtemps je porte à cette belle contrée. La

« conquête de l'Afrique est à mes yeux la plus grande chance
« qui se soit offerte depuis longtemps à la France, qui a le senti-
« ment et le besoin des grandes choses ; et, selon moi, tous ceux
« qui se consacrent à cette noble tâche ont bien mérité de la pa-
« trie. Plus les travaux sont pénibles et les obstacles grands, et
« plus aussi il faut honorer leur persévérance ; car, dans une
« société dont le travail est la loi fondamentale, chacun doit être
« classé selon la part pour laquelle il contribue au bien général.
« En retournant à Paris, je dirai ce que j'ai vu en Afrique ; je dirai
« le progrès rapide de nos établissements ; je dirai le caractère
« de permanence qu'une administration habile a donné à nos
« possessions ; je dirai les efforts intelligents et hardis d'une po-
« pulation qui supplée par son activité au nombre qui bientôt
« ne manquera plus. Cette vaste salle, dites-vous aujourd'hui, est
« trop petite pour contenir tous les colons ; puisse-t-il en être
« bientôt de même de la Mitidja ! »

Cette réponse fut suivie de longues et bruyantes acclamations, excitées surtout par l'espérance qu'avait fait naître le prince de voir bientôt la Mitidja appelée à la prospérité que son heureuse position lui promettait.

Le toast suivant fut ensuite proposé :

« *Au maréchal Valée, gouverneur général !*

« ..... Vous avez, monsieur le maréchal, affermi par votre puis-
« sante épée, la domination française en Afrique. Devant la mar-
« che triomphale de nos soldats, l'Arabe vient de s'arrêter, étonné
« et impuissant. Aux trophées militaires vous voudrez joindre la
« palme non moins précieuse de la conquête industrielle du pays.
« Vous serez, monsieur le gouverneur, dignement secondé dans

« votre patriotique tâche par ces chefs d'administration qui,
« sous vos ordres, rivalisent de zèle pour les intérêts civils de la
« colonie, et qui, eux aussi, ont droit au juste tribut de notre
« gratitude. C'est à vous, monsieur le gouverneur, que nous de-
« vrons la colonisation, c'est-à-dire la mise en production du sol
« le plus fertile. C'est une question d'honneur pour la France, de
« gloire pour vous, de reconnaissance pour la colonie. *Au maré-*
« *chal Valée !* »

Le maréchal répondit :

« Messieurs,

« Mes efforts ont toujours eu pour but le développement rapide
« de la colonisation. L'Afrique a désormais traversé l'époque
« d'épreuves qui marque la naissance de tous les grands établis-
« sements coloniaux; elle marche maintenant par sa propre
« force, et nous touchons au moment où vos nobles efforts rece-
« vront une glorieuse récompense. Fertiliser une terre stérile
« depuis tant de siècles, appeler à la civilisation tant de peuples
« barbares, c'est la mission qui convient à une grande nation :
» vous la remplirez, messieurs, et la gloire que donnent les gran-
« des entreprises s'attachera à vos noms. Pour moi, je suis heu-
« reux que le roi ait daigné m'appeler à seconder vos efforts, et
« je vous remercie du concours que vous avez bien voulu m'ac-
« corder depuis que Sa Majesté m'a envoyé parmi vous. »

Enfin, pour que rien ne manquât à l'expression des sentiments qui animaient l'assemblée entière, un colon demanda à porter la santé de l'armée :

« *A l'armée !* »

M. le maréchal prit la parole au nom des soldats placés sous son commandement, et exprima en ces termes les sentiments qui vivent dans le cœur de ses frères d'armes :

« Messieurs,

« Je vous remercie, au nom de l'armée, du souvenir que vous
« avez conservé des services qu'elle a rendus à la colonie. Depuis
« neuf années que le drapeau français flotte sur cette terre d'Afri-
« que si glorieusement conquise par nos soldats, le dévouement
« des troupes ne s'est pas démenti un seul instant, et d'immenses
« travaux exécutés avec une admirable activité leur ont, non
« moins que de glorieux combats, acquis des droits à la recon-
« naissance de la patrie. L'armée, dans l'Algérie, est un corps
« producteur ; elle sait qu'elle partage avec vous la noble mission
« d'appeler à la civilisation le vaste empire soumis désormais à
« nos lois. Elle n'oubliera jamais les devoirs qui lui sont imposés,
« et j'ai la profonde conviction que les colons trouveront tou-
« jours dans nos rangs des amis sincères, des compatriotes
« dévoués. »

Pendant les dernières heures de cette fête, le prince eut encore l'occasion de manifester, dans des entretiens particuliers, sa vive sympathie pour la colonie, et sa confiance dans l'avenir. Il rappela la sollicitude du roi pour cette nouvelle France ; il répéta plusieurs fois que la création de l'Algérie serait une des gloires du règne de Sa Majesté ; et il promit tout haut de continuer avec énergie l'œuvre de son père.

Son Altesse Royale, profondément touchée de l'accueil qu'elle avait reçu, voulut elle-même convier à une dernière réunion ses compagnons d'armes. Tous les officiers, sous-officiers et soldats de sa division vinrent s'asseoir au même banquet. Des détachements de tous les corps alors à Alger y furent également invités, et pour que le souvenir de cette fête vraiment nationale se gravât plus profondément encore dans les esprits, le prince eut aussi l'heureuse idée d'y appeler une partie des notables habitants qui lui avaient offert une fête la veille : ils représentaient, avec les autorités civiles, les populations de l'Algérie.

La place Bab-el-Oued avait été choisie pour salle de festin. Entre le Fort-Neuf et celui des Vingt-Quatre-Heures, un immense carré de tables avait été formé : trois mille deux cent quarante-deux couverts étaient dressés ; au centre étaient les officiers de tous grades ; Son Altesse Royale s'y était placée, ayant auprès d'elle le maréchal, gouverneur général, et le brillant état-major de la colonne. Le plus beau temps favorisait cette magnifique réunion, et le spectacle qui s'offrait à tous les regards était vraiment admirable. La population entière de la ville s'était rangée sur la première pente de la montagne à laquelle Alger est adossée. Les jardins voisins avaient été envahis par la foule : les costumes de toutes les couleurs, de toutes les nations, se mariaient pittoresquement aux teintes vertes des arbres que surmontait, brillant de lumières, le minaret de Sidi-Abd-er-Rahman, mosquée révérée de l'Islam entier. Au nord, la mer, calme et majestueuse, semblait prendre part à cette fête; de nombreuses barques de pêcheurs, des bâtiments de commerce arrivant à Alger étalaient à l'horizon leurs blanches voiles; et pour compléter ce magnifique tableau, au milieu de la vaste enceinte, s'élevait le buste du roi, entouré de ces glorieux drapeaux confiés par lui à l'honneur de l'armée, et qui, depuis neuf années, avaient flotté noblement sur tous les points de l'Algérie.

A la fin du banquet, M. le maréchal se leva et porta la santé du roi. Ce toast fut accueilli avec enthousiasme; les musiques des régiments se mêlèrent aux cris des soldats et des spectateurs, et le canon annonça au loin les vœux que les soldats formaient pour le chef suprême des armées de terre et de mer.

M. le duc d'Orléans monta ensuite sur la table

à laquelle il avait été assis, et porta en ces termes la santé de l'armée :

« Au nom du Roi, je porte cette santé :

« *A l'armée d'Afrique et à son général en chef, le maréchal Va-*
« *lée, sous les ordres duquel elle a accompli de si grandes choses !*

« A cette armée qui a conquis à la France un vaste et bel em-
« pire, ouvert un champ illimité à la civilisation, dont elle est
« l'avant-garde ! A la colonisation, dont elle est la première ga-
« rantie !

« A cette armée qui, maniant tour à tour la pioche et le fusil,
« combattant alternativement les Arabes et la fièvre, a su affron-
« ter, avec une résignation stoïque, la mort sans gloire de l'hôpi-
« tal, et dont la brillante valeur conserve dans notre jeune armée
« les traditions de nos légions les plus célèbres !

« A cette armée, compagne d'élite de la grande armée fran-
« çaise qui, sur le seul champ de bataille réservé à nos armes,
« doit devenir la pépinière des chefs futurs de l'armée française,
« et qui s'enorgueillit justement de ceux qui ont déjà percé à
« travers ses rangs !

« A cette armée, qui, loin de la patrie, a le bonheur de ne con-
« naître les discordes intestines de la France que pour les mau-
« dire, et qui, servant d'asile à ceux qui les fuient, ne leur donne
« à combattre, pour les intérêts généraux de la France, que con-
« tre la nature, les Arabes et le climat !

« Au chef illustre qui a pris Constantine, donné à l'Afrique fran-
« çaise un cachet ineffaçable de permanence et de stabilité, et
« fait flotter nos drapeaux là où les Romains avaient évité de
« porter leurs aigles !

« C'est au nom du Roi, qui a voulu que quatre fois ses fils vins-
« sent prendre leur rang de bataille dans l'armée d'Afrique, que
« je porte ce toast.

« C'est au nom de deux frères dont je suis justement fier, dont
« l'un vous a commandés dans le plus beau fait d'armes que vous
« ayez accompli, et dont l'autre s'est vengé au Mexique d'être
« arrivé trop tard à Constantine, que je porte cette santé.

« C'est aussi, permettez-moi de vous le dire, comme lié d'une
« manière indissoluble à l'armée d'Afrique, dans les rangs de la-
« quelle je m'honore d'avoir marché sous les ordres de deux
« maréchaux illustres, que je porte cette santé :

« *A la gloire de l'armée d'Afrique, et au maréchal Valée, gou-*
« *verneur général !* »

Ces généreuses paroles, prononcées avec énergie, excitèrent dans l'armée et parmi la population les émotions les plus vives. L'air retentissait d'enthousiastes acclamations ; le bruit du canon ne cessait de se faire entendre. Ce fut alors, et comme entraîné par les sympathies de cette foule immense, que le plus ancien des lieutenants qui avaient assisté à l'expédition, *M. Salaun Penquer*, s'approcha du prince, et lui offrit, au nom de ses camarades de tous les corps, au nom de l'armée qui l'entourait, une palme d'honneur cueillie sur les Portes-de-Fer mêmes.

« Monseigneur, dit M. Salaun-Penquer, cette palme vous est
« offerte par votre division. Cueillie au Biban par les mains de

« vos soldats, emblème de toutes les vertus guerrières dont vous
« leur avez si noblement donné l'exemple dans la mémorable
« expédition que nous venons de faire, ils ne doutent pas qu'elle
« ne vous soit précieuse, et que vous ne l'acceptiez comme un
« gage de leur amour et de leur reconnaissance. *Vive le duc*
« *d'Orléans !* »

Le prince royal répondit en se tournant vers M. le maréchal :

« Monsieur le maréchal, vous avez été mon chef dans la mé-
« morable circonstance dont cette palme est destinée à me retra-
« cer le souvenir : le bonheur que j'éprouve à la recevoir serait
« incomplet si votre suffrage ne se joignait pas à celui des braves
« de qui je la tiens. Je vous demande la permission de l'accepter. »

— « La voix des soldats est la voix de Dieu, Monseigneur, » répondit le maréchal profondément ému, en faisant un signe d'assentiment.

Le prince royal se retournant alors vers les officiers et sous-officiers de sa division :

« Jamais, leur dit-il, jamais je ne pourrais vous exprimer com-
« bien je suis ému et touché : je contracte en ce moment vis-à-
« vis de vous une dette que je ne sais si je pourrai jamais acquitter.
« Dans les moments difficiles je me rappellerai que j'ai reçu cette
« palme de ceux dont l'héroïque persévérance emporta Constan-
« tine d'assaut : dans les privations, je me rappellerai qu'elle me
« fut donnée par des hommes dont aucune souffrance ne lassa
« l'énergie ; et quand, au jour du danger, je vous représenterai

« cette palme, vous vous souviendrez à votre tour que vous l'avez
« cueillie dans les lieux réputés inaccessibles, et vous saurez
« prouver alors que rien n'est impossible à des soldats français. »

M. le duc d'Orléans parcourut ensuite toutes les lignes de tables, parlant aux soldats, leur rappelant les campagnes qu'ils avaient faites ensemble, et laissant dans tous les esprits des souvenirs ineffaçables.

Le prince royal rentra en France [1]. Mais son séjour ne devait pas y être de longue durée. De graves événements allaient le ramener bientôt en Algérie.

---

[1] Son Altesse Royale quitta Alger le 7 novembre, à 3 heures du soir.

III.

EXPÉDITION DE MÉDÉAH.

On sait qu'Abd-el-Kader n'avait jamais supporté qu'impatiemment le traité de la Tafna. Son ambition aveugle le précipitait au-devant des périls que lui avait prédits M. le général Bugeaud[1]. L'expédition du Biban avait encore irrité son orgueil, car elle tranchait la question des limites, à l'est de l'Algérie, et consommait la prise de possession des communications entre Alger et Constantine. L'émir se voyait obligé de renoncer à ses prétentions sur cette immense étendue de territoire. Déjà depuis longtemps il ne dissimulait plus ses dispositions hostiles. Il s'était efforcé de soulever les populations de l'Est; plus heureux dans la province d'Oran, il était parvenu, par des moyens violents et cruels, à faire cesser les relations commerciales entre les tribus soumises à son autorité et les points occupés par la France. Il avait interné deux tribus

---

[1] *Voy.* ci-après, note B.

dont la fidélité lui paraissait douteuse. Enfin, il avait dégarni Tlemcen de ses canons, de ses postes et de ses bois de construction pour les transporter dans ses nouveaux établissements, dont les travaux se poursuivaient avec une activité menaçante.

Les premières hostilités ne tardèrent pas à éclater. Les Hadjoutes, comptant sur l'appui de l'émir, passèrent la Chiffa et portèrent leurs brigandages jusqu'aux portes d'Alger. Les combats de la Chiffa et de l'Ouad-el-Aleg précédèrent la déclaration de guerre de l'émir (décembre 1839). Abd-el-Kader ne craignit pas, en effet, d'écrire alors au gouverneur général pour lui annoncer le projet arrêté, disait-il, par tous les musulmans de recommencer la guerre sainte. Nos soldats, surpris par des attaques multipliées, furent dignes d'eux-mêmes; les colons, de leur côté, montrèrent dans ces circonstances difficiles, beaucoup de sang-froid et de courage. La province d'Oran était à son tour le théâtre d'engagements sérieux. Sur tous les points, Abd-el-Kader avait pris l'offensive, et nous avait suscité des ennemis. Ces événements, après deux ans d'une paix inquiète et douteuse, révélaient tout ce que notre position avait de faux et de précaire, et nous imposaient l'obligation d'abattre l'émir.

Un plan de campagne soumis par M. le gouverneur général (Valée), à l'approbation du ministre, devait avoir pour premier résultat l'occupation de Médéah et de Milianah, points importants par lesquels Abd-el-Kader entretenait ses communications avec l'Est. L'on s'attendait à une vive résistance, car l'ennemi était animé d'un violent fanatisme, et il avait augmenté, par toutes les ressources de l'art, les obstacles de la nature. Le Téniah de Mouzaïa avait été fortifié avec le plus de soin possible. Cette position formidable ne devait être emportée qu'après une lutte sanglante. De nouveaux combats, de graves périls, allaient illustrer nos armes. Dans ces circonstances, le duc d'Orléans ne pouvait être infidèle à ses engagements et à sa propre gloire. Il avait dit, après le passage des Portes-de-Fer, aux soldats de sa division :

« Partout où le service de la France m'appellera,
« vous me verrez accourir au milieu de vous, et là
« où sera votre drapeau, là sera ma pensée. »

Et il arriva (avril 1840), présentant aux légions son jeune frère le duc d'Aumale, noble émule, que ses généreux compagnons d'armes devaient bientôt avoir pour modèle.

Le corps expéditionnaire avait pris position sur la Chiffa de Koléah, au camp de Blidah. Il était fort d'environ 9,000 hommes de troupes de toutes armes et composé des deux premiers bataillons de chasseurs des régiments de la 1re division, de trois bataillons de la 2e division, de deux bataillons du 17e léger, du 1er régiment de chasseurs d'Afrique, et de huit cents chevaux appartenant aux régiments de marche; quatre pièces de campagne, quatorze obusiers de montagne et un bataillon de sapeurs du génie, marchaient avec lui. — De son côté, Abd-el-Kader avait convoqué à la guerre sainte tous les cavaliers de la plaine du Chéliff, et avait rassemblé toute son infanterie régulière. Ses forces devaient s'élever à environ 12,000 cavaliers et à 6 ou 7,000 fantassins.

L'armée passa la Chiffa (27 avril), marchant sur quatre colonnes. M. le duc d'Orléans formait l'avant-garde avec la 1re division; d'autres corps étaient commandés par les généraux Schramm, Rumigny, et par M. le colonel Lamoricière. Le prince avait l'ordre de se diriger vers le bois des Karésas, repaire des Hadjoutes. Vers quatre heures du soir, au moment où une partie de nos troupes arrivait sur ce point, le kalifah d'Abd-el-Kader à Milianah, M'Barek, parut avec toute sa cavalerie. M. le maréchal résout aussitôt de marcher à l'ennemi et fait connaître au duc d'Orléans que son intention est de le déborder par ses deux ailes et de le rejeter sur les montagnes de Mouzaïa. Le prince, qui avait prévu ce mouvement, était déjà en marche dans la direction de la gorge de l'Ouad-Ger. Dès qu'il est à portée de l'ennemi, il le fait charger par le 1er régiment de chasseurs d'Afrique, à la tête duquel s'élance M. le duc d'Aumale. Ce mouvement a le succès le plus complet, et les Arabes sont rejetés sur la rive droite de l'Ouad-Ger. Mais, bientôt, profitant d'une marche rétrograde qui avait été ordonnée pour permettre à l'infanterie d'arriver, ils se préparent à reprendre leur camp. M. le maréchal presse alors la marche de l'infanterie, et après avoir fait reconnaître la position de l'Afroun, il dirige M. le duc d'Orléans sur la gauche de l'ennemi, pendant qu'il fait reprendre sur les autres points une vigoureuse offensive. En arrivant au pied des montagnes, nos soldats jettent sacs à terre, la charge bat sur toute la ligne, et l'ennemi est abordé à l'arme blanche avec un tel élan que, malgré les difficultés du terrain, la cavalerie arrive en même temps que l'infanterie sur les hauteurs de l'Afroun. Les Arabes sont de nouveau repoussés et culbutés dans la vallée de Bou-Roumi; ils ont beaucoup de monde hors de combat, et la nuit seule arrête notre poursuite. Dans cette journée, M. le colonel Delarue fut blessé à côté du prince royal.

Le 29, la colonne expéditionnaire quitte le camp de l'Afroun. La division de M. le duc d'Orléans formait l'avant-garde; elle se trouve bientôt en présence d'un corps nombreux d'ennemis et de toute la cavalerie régulière de l'émir. Le prince prend aussitôt toutes ses dispositions pour l'attaque, mais les Arabes se retirent précipitamment. Un engagement entre nos troupes et les Arabes sur un autre point assure encore ce jour-là à nos armes une grande supériorité.

Mais de graves nouvelles étaient arrivées à M. le maréchal gouverneur. L'on apprit à la fois et que la ville de Cherchell était attaquée par des forces considérables, et que des préparatifs formidables avaient été faits pour la défense du Téniah de Mouzaïa. Dans cette situation, M. le maréchal Valée crut devoir prendre l'avis du prince : « Atta-
« quons toujours, dit le jeune général, avec des
« soldats français on peut tout oser. D'ailleurs, ce
« coup de main vigoureux portera l'effroi dans les
« rangs des barbares, et de longtemps ils n'oseront
« braver nos armes. » Mais avant d'entreprendre cette opération, le commandant en chef voulut dégager Cherchell et rappeler une partie des troupes que la tranquillité de la province d'Oran rendait inutiles. En attendant l'exécution de ces ordres, il

fallait opérer contre la cavalerie régulière arabe, qui ne pouvait prolonger la campagne que pendant quelques jours. Dans ce but, le corps expéditionnaire fut dirigé sur le gué qui se trouve auprès d'Haouch-Kludri. Dès que la 1re division eut traversé cette rivière, le prince royal la fit former sur la rive droite de manière à protéger le passage du convoi et de la 2e division que l'ennemi se préparait à attaquer vigoureusement. Un engagement très-vif eut lieu, en effet, quelques moments après. Les Arabes attaquèrent avec ardeur les troupes du général de Rumigny, et ce dernier fut légèrement atteint par une balle. Mais nous restâmes bientôt maîtres du terrain, et le corps expéditionnaire alla camper le même jour sur le Bou-Roumi.

Les jours suivants (1er au 7 mai), la colonne prend possession du camp de Mouzaïa, et divers mouvements de nos troupes ont pour but d'y introduire les approvisionnements destinés à Médéah. Dans ces mouvements, la division du duc d'Orléans formant l'arrière-garde est attaquée avec fureur par la cavalerie arabe. Mais Son Altesse Royale prend position, et les zouaves, sur lesquels l'ennemi essaya un hourra, le culbutent, lui tuent ou lui blessent beaucoup d'hommes et de chevaux.

Le corps expéditionnaire se dirigea ensuite sur

Cherchell (8 mai); il avait à traverser un pays habité par les Kabyles les plus farouches, et où nos armes n'avaient pas encore pénétré. Un premier engagement signale le passage de l'Ouad-Nador; mais le feu de l'artillerie contient les assaillants, et la colonne poursuit, sans trop d'obstacles, sa marche jusqu'à l'Ouad-el-Hachem. Ce point fut le théâtre d'un combat plus sérieux, où brilla l'intrépide valeur de nos officiers. Les hauteurs qui forment la berge gauche de cette rivière étaient fortement occupées par les Kabyles. Le Prince royal prescrit au général Duvivier de les faire attaquer par la droite et par la gauche. Cet ordre est promptement exécuté. Quatre compagnies du 2e léger suffisent pour enlever cette position; mais, emportées par leur élan, elles sont bientôt chargées par une masse énorme de Kabyles qui se forment en demi-cercle et essaient de les envelopper. La situation était critique. Mais nos braves soldats avaient à leur tête un chef intrépide, dont aucun péril n'étonne le courage. Le colonel Changarnier fait poser les sacs à terre, et place son détachement derrière la crête d'un mamelon. Au moment où les Kabyles allaient atteindre le sommet du plateau, cet officier général qui, ainsi que le commandant Vaillant, était resté à cheval, fait sonner la charge. Les soldats abordent l'ennemi à la baïonnette et combattent corps à corps pendant quelques instants. Les Arabes ne peuvent résister; ils sont culbutés dans le ravin, et laissent sur le terrain vingt-six cadavres, parmi lesquels se trouvait celui de Berkani, cousin-germain du kalifah de Médéah.

Pendant que l'avant-garde combattait ainsi glorieusement, l'arrière-garde était elle-même inquiétée, et opposait aux Kabyles la même énergie et la même vigueur.

Arrivée à Cherchell (9 et 10 mai) qu'avait habilement défendue le brave commandant Cavaignac, la colonne reprit, avec les troupes venues d'Oran, la route de l'Haouch-Mouzaïa [1]. La division du duc d'Orléans formait l'avant-garde. Pendant cette marche, que rendait toujours difficile et périlleuse la présence des Arabes, les détachements de quelques bataillons ayant conservé trop longtemps leur position sur une hauteur, l'ennemi réunit toutes ses forces contre eux. Le général de Rumigny, dont la division formait l'arrière-garde, s'aperçoit du dan-

---

[1] L'haouch (ferme) de Mouzaïa était une des stations du bey d'Oran quand il venait apporter le tribut à Alger; son aga s'y rendait aussi tous les ans avec un corps de cavalerie pour lever les impôts sur les tribus environnantes; les chevaux étaient placés sous les arcades, et les hommes dressaient leurs tentes au milieu de la cour.

ger que couraient ces troupes, marche à leur secours, et après les avoir dégagées, continue son mouvement.

Quelques instants après, l'arrière-garde elle-même se trouvant engagée dans une gorge profonde, est violemment attaquée. Loin de s'émouvoir de ces attaques, le général de Rumigny, qui, à une longue expérience des champs de bataille de l'empire, unit une intrépidité calme, laisse l'ennemi s'emparer d'une ruine romaine qui domine la position. Puis il s'élance à la tête des soldats sur l'ennemi, le précipite dans le ravin et lui fait éprouver des pertes considérables.

Pendant cette marche pénible, les troupes formant l'arrière-garde, constamment harcelées, furent dignes de leur chef, et se conduisirent avec une énergie remarquable. Le corps expéditionnaire arrive enfin au camp de l'Haouch-Mouzaïa, préparé, par cette série de combats partiels, à la lutte sanglante et terrible qui allait s'engager sur le sommet de l'Atlas.

Le col de Mouzaïa, à jamais célèbre par l'héroïsme de nos soldats, position déjà formidable par elle-même, et dont Abd-el-Kader avait bien compris toute l'importance pour l'avenir de sa politique, et la conservation du territoire qui lui avait été jusque-là exclusivement soumis, le col de Mouzaïa avait été déjà traversé trois fois par les conquérants de l'Algérie, mais à des époques où Abd-el-Kader étudiait encore, pour ainsi dire, les secrets de sa destinée. — Une première fois, en 1830 (novembre), lorsque le général Clauzel voulut installer à Médéah, en qualité de bey de la province de Tittery, *Mustapha-ben-Omar*. Cette première expédition, qui avait vivement ému l'imagination du soldat, fier de franchir l'Atlas, ne s'accomplit pas sans difficultés et sans périls. Le bey destitué de la province de Tittery, *Mustapha-ben-Mezrag*, avait mis le col en état de défense ; il y avait placé des pièces d'artillerie, et cette position ne put être emportée qu'après une vive résistance. Le général Achard, à la tête d'un bataillon du 37e, attaqua le col de front, et se couvrit de gloire dans cette affaire. — La deuxième expédition (janvier 1831), eut pour but d'aller retirer de Médéah la garnison qui y avait été laissée, et qui était loin d'avoir pu se suffire à elle-même, et d'avoir exercé une salutaire influence sur les populations indigènes. Enfin, la troisième expédition (juin 1831), fut entreprise pour délivrer Mustapha-ben-Omar, bey sans beylick, et pour qui Médéah était devenue une prison. Cette dernière expédition fut seule signalée par une attaque furieuse de l'ennemi. Le commandant Duvivier, à la tête du 2ᵉ bataillon des zouaves et de quelques Parisiens, soutint ce terrible choc, et protégea glorieusement la retraite de la colonne.

Tels étaient les souvenirs qui pouvaient se présenter à l'esprit du soldat, au moment où il allait aborder, dans les circonstances les plus périlleuses, le redoutable Téniah de Mouzaïa.

Ce col, qui a neuf cents cinquante mètres d'élévation au-dessus de la mer, et mille mètres environ de longueur, se trouve dans un enfoncement de la chaîne principale de l'Atlas, à peu de distance d'un piton élevé qui commande la position. Il ne peut être abordé de front, et lors même qu'on pourrait y arriver, il est tellement dominé par des rocs à pic, qu'il serait impossible de s'y maintenir. La route qui y conduit, construite en 1836, par M. le maréchal Clauzel, permet d'arriver sans de grandes difficultés jusqu'au tiers de sa hauteur; elle est ensuite dominée jusqu'au col, à gauche, par des roches coupées à pic, et à droite par un ravin profond que ses escarpements rendent impraticables. Cette position n'est donc attaquable que par sa gauche, dominée tout entière par le piton de Mouzaïa.

Or, Abd-el-Kader, depuis six mois, avait fait

exécuter de grands travaux pour rendre ce piton imprenable. Un grand nombre de redoutes, reliées entre elles par des branches de retranchements, couronnaient toutes les hauteurs, et, sur le point le plus élevé du piton, un réduit presque inabordable avait été construit; d'autres ouvrages se développaient ensuite sur la crête jusqu'au col. Les arêtes que la route contourne avaient été également couvertes de redoutes, et le col lui-même était armé de plusieurs batteries. Enfin, l'émir avait concentré là toutes ses troupes régulières. Les bataillons d'infanterie de Médéah, de Milianah, de Mascara et de Sebaou, avaient été appelés à la défense du passage, et les Kabyles de toutes les tribus des provinces d'Alger et de Tittery, avaient été convoqués pour défendre une position regardée comme la plus importante de l'Algérie.

Rarement un chef d'armée se trouva dans une position plus difficile et chargé d'une plus terrible responsabilité. Le maréchal Valée le sentit bien; mais, en jetant les yeux sur les braves bataillons qui frémissaient d'impatience et d'ardeur autour de lui, et sur leurs intrépides capitaines, il dut avoir foi dans la fortune de la France, et l'attaque fut résolue.

La division du duc d'Orléans, comme 1re division

et division d'avant-garde depuis le commencement de la campagne, fut chargée d'enlever la position.

Le 12 mai, à cinq heures du matin, le Prince royal ouvre cette journée de gloire par quelques mots héroïques : « Allons, enfants, dit-il à ses sol-« dats, en leur montrant la crête des rochers avec « son épée, les Arabes nous attendent et la France « nous regarde ! » Le général de Rumigny couronne le mamelon qui domine l'entrée de la route, et la division se met aussitôt en marche, formant tête de colonne de l'armée. Elle s'engage hardiment dans la montagne, sous les ordres du Prince. Peu d'instants suffisent pour enlever toutes les positions difficiles qui conduisent jusqu'en vue du col. La route se dessine aux regards sur les flancs de l'Atlas, dominée de tous côtés par des crêtes que garnissent des milliers d'ennemis. Deux batteries arabes, l'une de deux pièces, l'autre d'une seule pièce, la commandent, et de nombreux mouvements de terre que l'on aperçoit en face du col, annoncent que l'ennemi s'est retranché d'une manière formidable sur le flanc gauche par où deux colonnes doivent tourner la position. Les troupes d'Abd-el-Kader se montrent sur les hauteurs. De tous les points de l'horizon débouchent les bataillons réguliers et des détachements de Kabyles. Ils pénètrent dans les retranchements construits par ordre de l'émir. Nos soldats, auxquels le Prince a fait faire halte sur un plateau, peuvent contempler ce spectacle imposant, mesurer leur farouche ennemi, et se préparer une dernière fois au combat terrible qui va s'engager.

Le Prince a formé sa division en trois colonnes. Celle de gauche, commandée par le général Duvivier, est composée de deux bataillons du 2e léger, d'un bataillon du 34e, et d'un bataillon du 41e. Elle est forte d'environ 1,700 hommes, et elle a pour mission d'attaquer le redoutable piton et de s'emparer de tous les retranchements que les Arabes y ont élevés.

La seconde colonne, sous les ordres du colonel de Lamoricière, est composée de deux bataillons de zouaves, du bataillon de tirailleurs et d'un bataillon du 15e léger. Cette colonne, forte de 1,800 hommes, doit, aussitôt que le mouvement par la gauche sera prononcé, gravir par une arête de gauche aussi, mais plus avancée, afin de prendre à revers et en flanc les retranchements arabes, et se prolonger ensuite sur la crête jusqu'au col.

La troisième colonne, sous les ordres du général d'Houdetot, est composée du 23e de ligne et d'un bataillon du 48e. Elle est destinée à aborder le col de front, dès que le mouvement par la gauche aura forcé l'ennemi à évacuer les crêtes.

La deuxième division et le 17e léger couvriront les mouvements de la première, protégeront la marche de l'artillerie qui suit la route, et repousseront les attaques des Kabyles sur nos derrières.

Toutes ces dispositions prises, les soldats frémissants n'attendent plus que le signal. Il est midi et demi, M. le duc d'Orléans fait faire tête de colonne à gauche au général Duvivier. Les troupes s'élèvent vers le piton de Mouzaïa par un terrain d'un accès très-difficile, et sur lequel elles ne peuvent souvent cheminer qu'en s'aidant avec leurs mains. « Ce fut
« un solennel moment, dit le maréchal Valée, avec
« une émotion que l'on ne peut s'empêcher de par-
« tager [1], ce fut un solennel moment que celui où
« ces braves soldats, dont un si grand nombre ne
« devait pas nous revoir, s'éloignèrent pour accom-
« plir une des actions de guerre les plus brillantes
« de nos annales d'Afrique. Nous étions calmes, ce-
« pendant, car à leur tête marchaient le général
« Duvivier, le colonel Changarnier et tant d'offi-
« ciers qui, quoique jeunes encore, ont déjà des
« noms connus dans l'armée. »

---

[1] Rapport du 27 mai 1840.

Mais les Arabes sont à leur poste, et à peine nos soldats sont-ils engagés dans les rochers de l'Atlas, qu'une vive fusillade commence. Dès ce début, le général Marbot est blessé près du Prince royal par une balle qui l'atteint au genou. Les Kabyles sont embusqués derrière les roches presqu'à pic sur les quelles il faut monter. Ils ont profité, avec une remarquable intelligence, pour cacher leurs tirailleurs, des ravins infranchissables que présente le terrain, et ils ont construit des retranchements dont les parapets sont garnis de nombreux défenseurs. La colonne du général Duvivier s'avance sous une grêle de balles. Les premiers retranchements sont enlevés. Un nuage vient en ce moment envelopper nos braves soldats; après quelques moments de repos, ils continuent leur marche, et, en sortant du nuage, ils essuient, à demi-portée, le feu de trois retranchements se dominant entre eux, et dont le dernier est protégé par un réduit, et se relie encore par un dernier retranchement au sommet du pic. Plusieurs bataillons et des masses de Kabyles défendent cette position formidable, d'où ils dirigent sur nos soldats un feu de deux rangs qui en met un grand nombre hors de combat.

Le 2ᵉ léger est là. Électrisé par ses officiers et entraîné par la vigueur de son colonel, l'héroïque

Changarnier, il se précipite sur les retranchements, les enlève, culbute l'ennemi dans les ravins, et plante son glorieux drapeau sur le point le plus élevé de la chaîne de l'Atlas.

Pendant ce combat, M. le duc d'Orléans et le maréchal Valée continuaient, avec les deux autres colonnes, à suivre la route tracée, et faisaient successivement occuper les mamelons qui se présentaient devant eux. Bientôt l'on arrive à une crête boisée qui prend naissance au delà du piton, et par laquelle le maréchal prescrit de faire gravir la deuxième colonne : le piton va être ainsi attaqué de deux côtés différents.

Le colonel de Lamoricière, après avoir fait poser le sac à ses hommes, s'élance à la tête des zouaves, des tirailleurs de Vincennes, et du bataillon du 15e léger, conduit par le colonel Tempoure, venu d'Oran. Le départ de cette colonne fut magnifique. Les soldats grimpaient avec les mains et les genoux. Bientôt ces braves se trouvent en présence de l'ennemi. Deux redoutes rapidement enlevées signalent leur intrépidité, mais ne diminuent pas le péril. Ils se trouvent en face d'un troisième retranchement, d'où l'ennemi dirige sur eux un feu meurtrier. Le mouvement de la deuxième colonne a été aperçu du col. Deux bataillons réguliers et de nombreux Kabyles accourent pour protéger cette position qui paraît inexpugnable par elle-même. Placés sur un plateau de rochers à pic, ils fusillent presqu'à bout portant les zouaves les plus avancés. Le reste de l'armée contemplait ce spectacle avec anxiété. Mais le 2ᵉ léger débouche sur les derrières de l'ennemi; les zouaves, alors, par un effort suprême, se précipitent dans l'intérieur du retranchement et culbutent les Arabes. Bientôt les capotes du 2ᵉ léger se mêlent aux vestes des zouaves et aux redingotes des tirailleurs. Kabyles et soldats réguliers d'Abd-el-Kader, tout fuit et se disperse devant les enfants de la France.

L'ennemi était délogé de ses plus fortes positions. Mais il occupait encore un grand nombre de points, sur lesquels étaient disposées des pièces d'artillerie qui rendaient impossibles les approches du col. Le maréchal l'avait prévu; pendant les engagements que l'on vient de décrire, il s'était occupé lui-même, avec une admirable activité, de faire avancer deux pièces de huit destinées pour Médéah, et, à travers les plus grands obstacles, il les avait fait disposer en batterie, avec le coup d'œil supérieur d'un général d'artillerie consommé. Cette batterie commence alors son feu, qui éteint bientôt celui de l'ennemi. Le Prince royal fait sonner la charge, et s'élance au pas de course, avec son frère, à la tête du 24ᵉ de ligne, sur la route du col. Au bruit de nos tambours, de nos cornets et des cris de nos soldats, les Arabes sont saisis de terreur. Ils voient les zouaves et le 2ᵉ léger gagner du terrain et sur le point de fondre sur eux. Nos soldats redoublent de vigueur, et au bout de quelques minutes, la colonne du duc d'Orléans débouche sur le col au moment où les deux autres y arrivent des hauteurs.

Ce fut un magique et émouvant spectacle que celui de ces braves se reconnaissant, s'embrassant, sur les sommets de l'Atlas, y plantant leur drapeau devant l'Arabe en fuite, et se montrant leurs blessures et leur victoire. Quelques officiers pleuraient de joie. Un cri unanime retentit autour du Prince qui n'a voulu céder à personne l'honneur d'arriver le premier. Les chefs ont été dignes des soldats, les soldats des chefs. L'éloge des uns se trouve dans la bouche des autres. Qui ne connaît l'enthousiasme de Lamoricière? Duvivier, épuisé par une fièvre dévorante, s'était appuyé sur un bâton pour gravir les cimes de l'Atlas; chez ce soldat stoïque, l'âme avait traîné le corps. Changarnier, habitué à jouer avec la mort, avait eu ses vêtements et ses épaulettes percés de sept balles.

Tous ces nobles chefs, tous ces intrépides soldats se pressaient autour du duc d'Orléans et du duc d'Aumale. Ils témoignaient au jeune général leur admiration pour les talents militaires dont il venait de faire preuve ; ils exprimaient à tous deux leur profonde sympathie pour leurs vertus guerrières et leur brillant courage... Heureux le Prince, si ce jour eût été pour lui le dernier, si une balle africaine eût pu le frapper dans ces fêtes, au milieu de ses généreux compagnons d'armes, et lui donner ainsi une mort glorieuse, digne de sa vie [1] !

Le col était pris, toutes les redoutes emportées, mais les Arabes n'étaient point encore découragés. Ils ne croyaient point encore avoir assez fait pour l'honneur et pour la défense de Médéah. De nom-

---

[1] Cette belle journée fut féconde en traits remarquables et héroïques. Le lieutenant Gautier, soldat décoré en 1830, et qui s'était déjà distingué à la prise de Constantine, venait de monter à l'assaut du piton de Mouzaïa ; apercevant un sergent des réguliers d'Abd-el-Kader qui emportait sur ses épaules son capitaine blessé, il court à lui, les tue tous les deux du même coup. — Giovanelli, sergent aux zouaves, avait reçu le matin même, du Prince royal son brevet d'officier : « Vous m'avez donné l'épau« lette, Monseigneur, » lui avait-il dit : « Vous ne vous en repenti« rez pas ; » et au moment où les zouaves marchaient à l'assaut des redoutes : « Allons, s'écria Giovanelli, il faut que je prouve « ma reconnaissance. » Quelques instants après, il tombait roide mort, frappé d'une balle au cœur.

breux rassemblements de Kabyles se forment sur la droite de nos troupes. Ils attaquent d'abord le centre du corps expéditionnaire, mais, repoussés par quelques obus que fait tirer contre eux le maréchal Valée, ils se jettent avec fureur sur l'arrière-garde, et, réunis bientôt à une colonne de 7 à 800 hommes qui arrive sur la gauche, ils engagent avec le 17e léger, le 58e de ligne et la légion étrangère, un combat terrible. C'est dans ce combat que le brave général de Rumigny est blessé pour la seconde fois, et assez grièvement à la cuisse.

L'ennemi, vaincu, mais non abattu, se retire enfin dans toutes les directions, et le corps expéditionnaire prend position sur le col même, en continuant à occuper le piton et les crêtes de Mouzaïa.

(Du 13 mai au 16.) Pendant les jours qui suivent, M. le maréchal Valée donne les ordres nécessaires pour faire amener au col de la ferme de Mouzaïa les nombreux approvisionnements destinés à la place de Médéah. Il fallait en même temps construire la route qui devait conduire à cette ville. Ces travaux difficiles, exécutés par les troupes du génie, sous la direction du colonel de Bellonet, ne sont que faiblement inquiétés par l'ennemi.

Le corps expéditionnaire se remet (16 mai) en marche, et M. le duc d'Orléans, toujours à l'avant-garde, s'établit au pied de la pente sud de l'Atlas, dans le bois des Oliviers. Les Arabes nous attendaient devant Médéah, où ils occupaient de fortes positions ; le Prince royal les en déloge, et prend (17 mai) possession de la ville qui avait été complétement évacuée depuis quelques heures [1].

Le commandement supérieur de la province de Tittery (dont Médéah était la capitale) ayant été laissé avec 2400 hommes au général Duvivier, nos colonnes victorieuses reprennent la route du col. Leur retour est signalé par l'un des plus remarquables combats qui se soient livrés en Afrique (18 et 19 mai).

Abd-el-Kader était à la tête de 4 à 5000 chevaux. Il avait fait prendre à son infanterie régulière, soutenue par des masses de Kabyles, de très-fortes positions. A peine notre cavalerie, accompagnant le convoi, a-t-elle pénétré dans le bois des Oliviers (20 mai), que l'émir attaque avec fureur l'arrière-garde, composée du 17e léger, d'un bataillon du 15e léger et d'un bataillon du 48e de ligne.

Le 17e léger, que commandait le colonel Bedeau,

[1] Les Juifs, ennemis naturels des Arabes, presque tous commerçants, propriétaires, avaient voulu rester dans leurs maisons et y attendre l'issue de la guerre; mais Abd-el-Kader les avait forcés, après les avoir rançonnés, d'en sortir et de s'en éloigner.

avait attendu l'ennemi avec calme. Lorsqu'il le voit à portée, il marche à lui et l'aborde à la baïonnette. Un combat acharné a lieu pendant quelques instants. L'on se fusille à bout portant. Mais le colonel Bedeau gagne du terrain et s'établit dans le bois des Oliviers que le reste de la colonne venait de quitter, pour s'engager dans le long défilé qui conduit au col. L'ennemi prépare une seconde attaque : Abd-el-Kader rappelle tous ses réguliers des diverses positions qu'ils occupent dans la montagne. Deux mille de ses cavaliers arrivent sur le terrain au galop, mettent pied à terre, et disputent à l'infanterie l'honneur de porter les premiers coups.

Jamais les Arabes n'ont montré un tel acharnement, ni vendu si chèrement leur vie. Ils défendent, reprennent, perdent de nouveau, reprennent une seconde fois à la baïonnette toutes les positions que nous occupons, et que nous n'emportons à la fin qu'en les jonchant de cadavres. Le 17e léger et le 48e de ligne se couvrent de gloire. Le 2e bataillon des zouaves, envoyé au secours de l'arrièregarde, se jette sur le flanc des réguliers qui menacent le convoi et leur fait un mal affreux.

M. le duc d'Orléans était accouru, de l'avantgarde, avec un bataillon. Par un dernier effort, le champ de bataille nous reste, et les Arabes se retirent en bon ordre. Quelques obus précipitent cette retraite ; nos troupes montent ensuite sur les hauteurs qui dominent de tous côtés le col de Mouzaïa.

Tel fut le combat du bois des Oliviers. Jamais, depuis le commencement de la campagne, l'armée n'avait été plus résolûment attaquée; nulle [part elle n'avait déployé un courage plus héroïque, une fermeté plus admirable. Le colonel Bedeau, noble émule des Duvivier, des Changarnier, des Lamoricière, avait mis, dans cette glorieuse journée, le sceau à sa réputation. Boitant d'une blessure qu'il avait reçue quelques jours auparavant, le nez mutilé par une balle qui venait de l'atteindre, la figure ruisselante de sang, il était resté debout au milieu de ses intrépides tirailleurs qu'il animait de la voix et du geste. Plusieurs fois il les ramena à l'arme blanche sur les Arabes dont il fit un grand carnage. Le combat fini, il présida de sa personne à l'enlèvement des blessés, fit emporter sur les épaules des soldats le quart de son beau régiment couché à terre, et n'abandonna ni un blessé ni un mort. Ce ne fut qu'après ces nobles soins qu'il songea à se faire panser. — Dans le 2ᵉ bataillon des zouaves, le commandant Renaud montra aussi une rare intrépidité. Sa troupe fut un instant obligée de s'engager dans un défilé sous une grêle de balles. L'attitude de son chef la soutint dans cette périlleuse position. On s'aborda de si près que les bourres entraient dans les blessures fumantes. L'acharnement était si grand, que les blessés des deux armées, couchés à terre, se combattaient encore avec des pierres. Les soldats continuaient le feu en emportant des blessés qui les excitaient au combat, et que souvent les balles ennemies venaient achever sur les épaules de leurs camarades.

Nos pertes furent grandes, mais celles de l'ennemi furent plus grandes encore, car il ne reparut plus jusqu'au retour de l'armée à Blidah. Elle arriva dans ce camp le lendemain (21 mai), sans coup-férir, ramenant du col de Mouzaïa la garnison qui y avait été laissée[1].

Ainsi se termina l'expédition de Médéah, expédition mémorable, que signalent notamment la prise du col, l'occupation de Médéah et le combat du bois des Oliviers. Pour la première fois depuis le renouvellement des hostilités, les deux partis étaient en présence avec des forces sérieuses ; Abd-el-Kader s'y trouvait avec toutes celles dont il avait pu disposer. L'émir s'é-

---

[1] *Voy.* ci-après, note C.

tait préparé depuis longtemps à la lutte; il était plein de confiance et d'orgueil; ses ressources étaient entières; la guerre sainte avait été proclamée, ses troupes étaient animées de cet ardent fanatisme qui promet et donne souvent la victoire. Enfin, il était protégé par l'Atlas, sur lequel il avait élevé des retranchements qui paraissaient complétement inexpugnables. Si l'expédition de Médéah eût échoué, si nos soldats eussent trahi l'espoir de leurs chefs, le sort de la conquête était peut-être compromis à jamais, ou du moins nous étions condamnés aux plus graves embarras. Mais, chose admirable ! Tel est le génie de la France, que les entreprises les plus difficiles, on pourrait dire les plus impossibles, sont celles même dont le succès est le plus assuré. C'est que nous n'avons pas dégénéré de nos pères, et qu'il y a chez nous cette sainte religion de l'honneur, qui se perpétue avec le sang, et qui, sur chaque nouveau champ de bataille, couronne ses héros et ses martyrs et enfante des miracles ! Le drapeau français flotta sur l'Atlas, parce que le drapeau arabe y avait été planté, et que nos soldats devaient tous mourir plutôt que de ne pas atteindre ce but offert à leur sublime courage [1].

---

[1] Tous nos soldats, dans cette glorieuse expédition, furent aussi héroïques que ce soldat suédois qui s'était emparé d'un

Abd-el-Kader comprit peut-être alors, mais trop tard, qu'il ne pouvait résister à de pareils ennemis, et que l'expédition de Médéah commençait la série de ses désastres, et devenait le signal de sa ruine.

Le duc d'Orléans, qu'attendait à Alger une réception brillante, quitta ses compagnons d'armes à Bouffarick (23 mai). Il réunit les officiers au milieu des rangs des soldats, et leur adressa de touchants et fraternels adieux... Ce devaient être les derniers [1] !

poste que l'on jugeait presque imprenable. « Comment, lui de-« manda-t-on, avez-vous pu, à travers tant d'obstacles, arriver à « cette redoute? — Ah! mon colonel, s'écria-t-il, c'est que l'en-« nemi y était! »

[1] *Voy.* ci-après, note D, la lettre du duc d'Orléans au maréchal Valée.

NOTES DIVERSES.

Note A.

EXPÉDITION DES PORTES-DE-FER.

On sait que M. le duc d'Orléans a écrit un *Journal de l'expédition des Portes-de-Fer.*

Ce journal, publié par M. Charles Nodier, en un magnifique volume in-4°, témoigne de l'élévation d'esprit et des connaissances variées du Prince. Il renferme des aperçus historiques qui peuvent éclairer sur le meilleur système d'occupation à suivre en Algérie. Il offre également un grand intérêt au savant, à l'archéologue. Nous y puisons les détails curieux qui suivent sur la position de Djemila (ancienne Cuiculum).

« Elle est d'un abord difficile ; le terrain présente à l'occupation des obstacles que de grands travaux pourront seuls surmonter. L'importance de ce point est cependant immense, et les Romains le savaient, puisqu'ils y avaient établi une ville puissante. L'occupation de l'Afrique par ce grand peuple s'appuyait d'un côté sur le littoral, et, à l'intérieur, sur la longue ligne des plaines élevées qui conduisent de Carthage à l'extrémité occidentale de la Mauritanie, en tournant les divers chaînons de l'Atlas. Les points principaux du littoral se rattachaient, par des routes transversales, à cette grande voie. Pour tracer ces routes, il était nécessaire de dominer les vallées dans lesquelles elles devaient passer, et d'occuper tous les points stratégiques, quel que fût, d'ailleurs, le désavantage de leur position. Telle fut la cause de l'établissement de Djemila.

« ... Tracée à peu de distance des montagnes habitées par les Kabyles, fortifiée comme les Romains l'avaient fait, elle assure la tranquillité du pays et couvre la route qui se développe sur la plaine des Abdelnous.

« De magnifiques monuments romains existent encore à Djemila. L'arc-de-triomphe, le temple, le théâtre et plusieurs tombeaux attestent la somptuosité de l'antique Cuiculum. On voit encore, sous les pierres, des cendres et du charbon; l'étude des monuments et la lecture des inscriptions prouvent que ces édifices sont antérieurs à l'invasion des Vandales. C'est le seul point de l'Algérie où l'on ait jusqu'ici retrouvé des monuments dont la construction a certainement précédé le règne de Justinien.

« ... Cuiculum est restée une sorte d'Herculanum non explorée, qui peut offrir une mine inépuisable de découvertes à la science et aux arts. Nous parcourons sur ces ruines un espace immense, couvert de fûts, de colonnes en pierre ou en granit d'Europe, de chapiteaux, de sculptures et de mosaïques. »

Il est vivement à désirer que ces ruines soient explorées, et que des recherches savantes habilement dirigées, viennent jeter quelque lumière sur ces anciennes villes de l'Afrique.

Note B.

EXPÉDITION DE MÉDÉAH.

ENTREVUE DU GÉNÉRAL BUGEAUD AVEC ABD-EL-KADER.

(1er juin 1837.)

M. le maréchal Bugeaud, dans une entrevue qu'il eut avec l'émir, après le traité de la Tafna, ne craignit pas de lui présager les périls que la violation de ce traité appellerait infailliblement sur sa tête. Il lui fit entendre qu'il saurait lui-même l'en punir. Cette entrevue où se rapprochaient, pour la première fois, les deux hommes à qui l'avenir réservait le plus grand rôle dans les affaires d'Afrique, et qui devaient devenir plus tard, quoique dans des conditions différentes, adversaires redoutables, fut extrêmement remarquable. Le caractère loyal et résolu, la mâle hardiesse du chef français y contrastent singulièrement avec l'indécision calculée et les formes cauteleuses du chef arabe.

Voir les détails de cette entrevue, *Annales Algériennes*, tom. III, page 403.

Note C.

Dans l'expédition de Médéah, l'artillerie et le génie rivalisèrent d'énergie et d'habileté. Ces deux armes, sous les ordres des colonels Lasnon et Lemercier, surmontèrent de grands obstacles et frappèrent le moral de l'ennemi par la promptitude et la vigueur de leurs opérations.

L'intendance militaire y acquit des titres particuliers à la reconnaissance de l'armée et du pays. Jamais ce service n'avait été plus difficile à organiser ; car le pays n'offrait aucune espèce de ressources. M. l'intendant Melcion d'Arc fit moralement et physiquement des efforts inouïs, et justifia, sous tous les rapports, sa bonne réputation. Il fut, d'ailleurs dignement secondé par MM. les sous-intendants militaires de Guiroye et Lafitte (Rapp. off.)

Nous retrouverons l'honorable M. Melcion d'Arc à la première expédition de Constantine (1836). Nous le verrons encore à la tête de la *Direction des affaires de l'Algérie* (1842). Ce nom réveille naturellement des souvenirs de conscience, d'honneur, de dévouement, de probité civique. Nous espérons pouvoir consacrer à M. Melcion d'Arc une notice développée dans la *Galerie historique de l'Algérie*. Le jour viendra où il sera rendu à chacun selon ses œuvres !

Note D.

LETTRE DE M. LE DUC D'ORLÉANS A M. LE MARÉCHAL VALÉE, APRÈS L'EXPÉDITION DE MÉDÉAH.

« Au moment, mon cher maréchal, de me séparer encore de l'armée
« d'Afrique, *après la glorieuse campagne* qu'elle vient d'accomplir sous
« vos ordres, et à laquelle mon frère le duc d'Aumale et moi sommes si
« heureux d'avoir pu prendre part, je viens vous demander d'être mon in-
« terprète auprès de toutes les troupes que vous commandez. Veuillez

« assurer l'armée d'Afrique qu'après avoir admiré encore les qualités guer-
« rières dont elle donne de si beaux exemples, et avoir apprécié les services
« journaliers qu'elle rend avec tant de dévouement à la France, son souve-
« nir restera toujours présent à ma pensée, et ses intérêts me seront tou-
« jours bien chers. Veuillez surtout exprimer aux divisions d'Oran et de
« Constantine, dont j'ai été assez heureux pour partager déjà les travaux
« dans d'autres occasions, combien j'ai regretté que *la mission que le roi*
« *m'avait tracée* ne m'ait pas permis de les visiter et de m'associer à leurs
« efforts actuels.

« Veuillez recevoir, mon cher maréchal, *la nouvelle assurance de tous*
« *les sentiments d'estime et d'attachement que vous me connaissez pour*
« *vous*, et avec lesquels je suis, votre affectionné,

« FERDINAND-PHILIPPE D'ORLÉANS. »

LETTRE DU ROI AU MARÉCHAL COMTE VALÉE.

« Aux Tuileries, le 19 novembre 1839.

« Mon cher maréchal, après avoir eu, il y a deux ans, le bonheur de
« voir mon fils, le duc de Nemours, prendre part, sous vos ordres, aux
« glorieux exploits de la prise de Constantine, il m'est bien doux d'avoir,
« de nouveau, à me féliciter avec vous de celle que mon fils, le Prince
« royal, vient de prendre à la brillante entreprise que vous avez si bien
« conçue et si habilement exécutée. C'est toujours avec une vive satisfac-
« tion que je vois mes fils dans les rangs de nos braves soldats s'identifier
« à eux, en partageant leurs fatigues, leurs souffrances et leurs dangers,
« et je suis l'interprète de la voix nationale en vous témoignant et en vous
« chargeant de témoigner à notre brave armée d'Afrique la reconnaissance
« de la France et celle dont mon cœur est pénétré pour elle. Vous con-
« naissez, depuis longtemps, le vif intérêt que je porte à l'Algérie ; je jouis
« de lui voir acquérir sous votre direction, par la valeur et le dévoue-
« ment de nos troupes, cette sécurité si nécessaire à la prospérité dont elle
« est susceptible, et qui est constamment le but de mes efforts.

« Recevez, mon cher maréchal, l'assurance de tous les sentiments que
« je vous conserverai toujours.

« Votre affectionné,

« LOUIS-PHILIPPE. »

Monument à la mémoire du duc d'Orléans.

La mort du duc d'Orléans, qui avait excité en France une émotion si douloureuse, devait être ressentie plus profondément encore en Algérie. Aussi, à peine la nouvelle de cet événement s'y fut-elle répandue, que la population et l'armée manifestèrent spontanément le vœu de voir s'élever sur la principale place d'Alger, par voie de souscription, un monument à la mémoire du prince qui leur était également cher. Des dispositions furent immédiatement prises pour la réalisation de cette grande et noble pensée. Un arrêté ministériel du 8 novembre 1842 admit à concourir à la souscription les autres corps de l'armée, et notamment ceux qui avaient fait la guerre en Afrique. Il institua en même temps une commission supérieure à Paris pour centraliser les souscriptions réalisées tant en France qu'en Algérie, faire dresser la liste générale des souscripteurs, et veiller enfin au recouvrement et à l'emploi des fonds. Cette commission était composée de MM. le maréchal comte Valée, président;

Les lieutenants-généraux baron Athalin,
Baudran,
Baron Berthezène,
Comte d'Erlon,
Baron Voirol,
Baron Rapatel,
Comte Schramm ;
L'intendant militaire, Melcion d'Arc ;
Secrétaire, M. Martineau des Chenets,
auditeur au conseil d'État.

Le monument devait consister en une statue équestre en bronze.

Cette statue, due au talent de M. Marochetti, arriva à Alger le 3 septembre. L'inauguration n'en devait avoir lieu que le 28 octobre suivant, jour anniversaire du passage des Bibans.

Une foule immense, accourue de tous les points de l'Algérie, remplit de bonne heure, ce jour-là, la place du Gouvernement. Les fenêtres des maisons qui l'entourent, toutes les terrasses qui la dominent, la Jénina, la grande Mosquée, étaient jonchées de spectateurs. Tous les chefs militaires, toute la magistrature, toutes les administrations, tous les corps constitués, tous les services publics étaient représentés à cette cérémonie.

A deux heures la statue était entourée de tous les dépositaires des pouvoirs civils et militaires, et de l'élite de la population. A trois heures un quart elle fut découverte aux acclamations de la foule et au son de la musique militaire.

Deux discours furent prononcés, l'un par M. le lieutenant-général DE BAR, l'autre par M. le comte GUYOT, directeur de l'intérieur.

La milice et la troupe défilèrent ensuite devant la statue, sous le commandement de M. le colonel Marengo.

Des salves d'artillerie de terre et de mer se firent entendre au moment de l'inauguration, et durèrent jusqu'au moment du défilé.

TABLE DES MATIÈRES.

LE DUC D'ORLÉANS EN AFRIQUE.

I. Expédition de Mascara (novembre 1835). — Combat de l'Habrah. — Blessure du duc d'Orléans. — Entrée à Mascara. — Destruction des établissements d'Abd-el-Kader. — Humanité de nos soldats. — Leur amour pour le Prince. — Le duc est atteint par la fièvre d'Afrique. — Ses adieux à ses frères d'armes.   6

II. Expédition des Portes-de-Fer (octobre 1839). — Arrivée du Prince en Afrique. — Il visite Bougie et Djigelly. — A Stora, il reçoit les chefs du désert. — Visite Philippeville, arrive à Constantine, où le Cheik-el-Beled vient à sa rencontre. — Se rend à Sétif. — Visite Milah et Djemilah. — Ruines romaines de Djemilah. — Ordre du jour pour le passage des Portes-de-Fer. — Les chefs Kabyles viennent payer le tribut au duc d'Orléans. — Description des Portes-de-Fer. — Passage des Portes. — Joie de l'armée. — Engagement avec les cavaliers de Ben-Salem, kalifah d'Abd-el-Kader. — Rentrée à Alger. — Réception faite au Prince. — Fête et discours.   20

III. Renouvellement des hostilités. — Guerre sainte. — Le Prince se rend en Afrique pour la troisième fois (avril 1840). — Expédition de Médéah. — Passage du col de Mouzaïa. — Combats successifs pour enlever cette position. — Prise du col. — Occupation de Médéah. — Retour de la colonne. — Combat du bois des Oliviers. — Adieux du Prince à ses compagnons d'armes.   55

Notes diverses.   81

Lettre du roi au maréchal comte Valée.   84

Monument à la mémoire du duc d'Orléans.   85

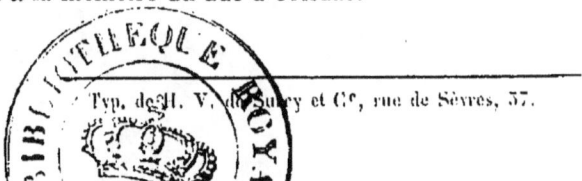

Typ. de H. V. de Surcy et Cⁱᵉ, rue de Sèvres, 37.

www.ingramcontent.com/pod-product-compliance
Lightning Source LLC
LaVergne TN
LVHW050627090426
835512LV00007B/707